国家最高科学技术奖获得者书系

科技是国家强盛之基
创新是民族进步之魂

国家最高科学技术奖
获得者书系

徐光宪的
故事

李朝全◎著

时代出版传媒股份有限公司
安徽少年儿童出版社

图书在版编目(CIP)数据

徐光宪的故事 / 李朝全著. —合肥:安徽少年儿童出版社,2015.3
(2022.1重印)
(国家最高科学技术奖获得者书系)
ISBN 978-7-5397-7563-0

Ⅰ.①徐… Ⅱ.①李… Ⅲ.①徐光宪－生平事迹－青少年读物
Ⅳ.①K826.13－49

中国版本图书馆 CIP 数据核字(2014)第 255838 号

GUOJIA ZUI GAO KEXUE JISHU JIANG HUODEZHE SHUXI XU GUANGXIAN DE GUSHI
国家最高科学技术奖获得者书系·徐光宪的故事　　　　　　　　　　李朝全　著

出版人:张　堃　　　策　划:何正国　阮　征　　　责任编辑:何正国
责任校对:王媛媛　　　装帧设计:潘　易　　　　　责任印制:田　航
出版发行:时代出版传媒股份有限公司　http://www.press-mart.com
　　　　　安徽少年儿童出版社　E-mail:ahse1984@163.com
　　　　　新浪官方微博:http://weibo.com/ahsecbs
　　　　　(安徽省合肥市翡翠路 1118 号出版传媒广场　邮政编码:230071)
　　　　　出版部电话:(0551)63533536(办公室)　63533533(传真)
　　　　　(如发现印装质量问题,影响阅读,请与本社出版部联系调换)
印　　制:阳谷毕升印务有限公司
开　　本:635mm×900mm　1/16　印张:11.25　插页:4　字数:132 千
版　　次:2015 年 3 月第 1 版　　2022 年 1 月第 3 次印刷

ISBN 978-7-5397-7563-0　　　　　　　　　　定价:28.00 元

★ 国家最高科学技术奖 ★

国家最高科学技术奖于 2000 年设立，是中国科技界的最高荣誉。国家最高科学技术奖授予在当代科学技术前沿取得重大突破或者在科学技术发展中卓有建树，在科学技术创新、科学技术成果转化和高技术产业化中创造巨大经济效益或社会效益的科学技术工作者。

国家设立国家最高科学技术奖奖励委员会，聘请有关方面的专家、学者组成评审委员会，负责国家最高科学技术奖的评审工作。每年获得国家最高科学技术奖的科学技术工作者不超过两名。

国家最高科学技术奖报请国家主席签署并颁发证书和奖金。奖金数额由国务院规定，为 500 万元。其中 450 万元由获奖者自主开发选题，用作科研经费；其余 50 万元归获奖者个人所得。

历届国家最高科学技术奖获奖名单

2000 年　吴文俊：数学家，中国科学院院士、第三世界科学院院士

　　　　袁隆平：杂交水稻育种专家，中国工程院院士

2001 年　王选：汉字激光照排系统创始人，中国科学院院士（学部委员）、中国工程院院士、第三世界科学院院士

　　　　黄昆：物理学家，中国科学院院士（学部委员）、第三世界科学院院士

2002 年　金怡濂：高性能计算机领域的专家，中国工程院院士

2003 年　刘东生：地质学家，中国科学院院士、第三世界科学院院士

　　　　王永志：航天技术专家，中国工程院院士

2005 年　叶笃正：气象学家，中国科学院院士

　　　　吴孟超：肝脏外科专家，中国科学院院士

2006 年　李振声：遗传学家，中国科学院院士（学部委员）、第三世界科学院院士

2007 年　闵恩泽：石油化工催化剂专家，中国科学院院士（学部委员）、中国工程院院士、第三世界科学院院士

　　　　吴征镒：植物学家，中国科学院院士（学部委员）

2008 年　王忠诚：神经外科专家，中国工程院院士

　　　　徐光宪：化学家，中国科学院院士（学部委员）

2009 年　谷超豪：数学家，中国科学院院士（学部委员）

　　　　孙家栋：运载火箭与卫星技术专家，中国科学院院士

2010 年　师昌绪：材料科学家，中国科学院院士、中国工程院院士、第三世界科学院院士

　　　　王振义：血液学专家，中国工程院院士

2011 年　吴良镛：建筑与城乡规划学家，中国科学院院士（学部委员）、中国工程院院士

　　　　谢家麟：加速器物理学家，中国科学院院士（学部委员）

2012 年　郑哲敏：力学家、爆炸力学专家，中国科学院院士、中国工程院院士

　　　　王小谟：雷达工程专家，中国工程院院士

2013 年　张存浩：物理化学家，中国科学院院士（学部委员）、第三世界科学院院士

　　　　程开甲：核武器技术专家，中国科学院院士（学部委员）

2014 年　于敏：核物理学家，中国科学院院士（学部委员）

Contents
目 录

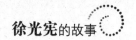

第一章

无忧无虑的童年

徐光宪先生是北京大学化学与分子学院（原称化学系）教授、博士生导师。1961 年被评为教授，1980 年当选中国科学院院士，2008 年获得国家最高科学技术奖。他一生致力于化学研究和教学，在多个领域做出了杰出贡献。

这位优秀科学家的人生，充满了传奇与故事，能够带给我们诸多有益的启迪。

1920 年 11 月 7 日，农历庚申年九月廿七日，在浙江省绍兴市城内宣化坊 39 号一户殷实人家里，一个小男孩出生了。这是家里的第七个孩子。男孩的父亲叫徐宜况（1883—1933），从事法律工作，是绍兴当地一位有名的律师。他从国家的根本大法"宪法"中，取一"宪"字，依照辈分排字给孩子起名为"光宪"。

徐宜况先生 1883 年 4 月 23 日出生于浙江省绍兴府上虞

县汤浦镇下徐村。村子附近有座不太高的山，名唤"东山"；徐家屋宅前面有七亩田地，因此又称"东山七亩"。徐宜况给自己起了个别号叫"东山居士"。由于祖辈居住的地方是上虞，徐光宪虽然在绍兴城里长大，但是祖籍却依然是今天的绍兴市上虞市汤浦镇下徐村。

徐光宪先生旧居——东山七亩

徐光宪是家里最小的孩子，属猴，上有三个哥哥、三个姐姐。他出生时父母都已将近 40 岁，因此对他格外宠爱，生怕有什么闪失。从小母亲就让他留小辫子，手腕上戴银手镯——母亲希望借此佑护他这幼小的生命。

在当地的习俗里，父母中年得子，男孩要留小辫，就是在头顶上留一撮头发，形状似桃，在脑后留一撮头发编小辫子，这样可以保佑孩子平安长大，要到 12 岁方可剪掉。因此，直到背着书包上学时，小光宪的脑后还留着一个小小的"尾巴"。

　　徐光宪的母亲徐陈氏(1881—1952)，1881 年 4 月 9 日出生在绍兴城内前观巷大成弄 10 号，那里是明朝著名书画家和文学家徐渭(徐文长)的故居——青藤书屋。徐陈氏的祖先陈无波先生出于对徐文长的景仰，买下了这一处宅第。

　　幼年时，小光宪常随母亲到外婆家，享受外婆的宠爱。外婆坐在藤椅上，每次总会拉开旁边的抽屉，拿出一只橘子或苹果给他吃。

　　后来外婆去世了，他还经常问妈妈："外婆不在了，外婆的抽屉还在吗？"

　　小光宪也常到二舅住的屋子，津津有味地听舅舅讲徐文长的趣闻轶事。二舅卧室的墙外就是徐文长手植的青藤，墙上嵌有碑文。那时有很多人来拓碑文，以致碑文都有些被磨平了。

　　外婆去世后，每年清明节，小光宪都会随母亲去给外婆上坟。一家人坐在两艘四明瓦的大乌篷船中(乌篷船的大小以明瓦多少来区分，"明瓦"就是船上半透明的窗户；三明瓦的船约有 12 个座位，四明瓦的船约有 16 个座位)，在水乡绍兴纵横交错的河道里穿梭，船停靠后再上岸爬山。

　　正值春日大好时光，放眼望去，漫山遍野都是红艳艳的杜鹃花，绍兴人称作"映山红"。杜鹃的桃红与满山的绿色交融在一起，织成了一幅美丽的风景画，成为徐光宪脑海里一幅永远不能忘怀的童年图景。

　　上虞隶属绍兴市，位于杭州湾南部，属于平原地带，其南部有著名的会稽山脉。上虞是上古时代舜帝世居之地，因此舜帝又称虞舜。传说尧帝年老时，因为儿子丹朱不成才，他遍访天下名贤，最终决定把帝位禅让给舜。舜是位很英明的君主，他教老百姓用大象代替人力来耕地,大大地提高了劳动生产力,受到了百姓的拥戴。小时候,徐光宪经常回到老家上虞,和小伙伴们一起去爬他们家附近的东山。

绍兴是历史文化名城,古往今来涌现出了一大批仁人志士,像三过家门而不入的治水英雄大禹,晋朝大书法家王羲之以及大文学家鲁迅、大教育家蔡元培等。

1902 年,徐光宪父母结婚后,即在绍兴城内宣化坊 39 号购置了一处房产,搬到绍兴居住。绍兴悠久浓厚的文化氛围对徐光宪的成长产生了良好的影响。

徐家的房子是一栋三开间两进双层的楼房,这是典型的绍兴民居格局。房子的楼下中间是客厅,两边是卧室。楼上三间都是书房兼卧室。东面的厢房作为厨房,安有一个烧稻草的灶,两个灶眼能放下两口直径半米的大锅,灶台上供有灶神。北面三间是客房,中间是个大天井。夏天可以在天井里搭起凉棚来乘凉。正房北面有一个小菜园,很像鲁迅家屋后的"百草园"。菜园里也有一口井,还有一扇后门通往马弄 1 号。

房子前门正对着一条石头铺的马路,后面正对的是一条河,有一条台阶直通河水边。平常女人们会在河边洗衣服。河上每天都有乌篷船穿梭往来,叫卖青菜、稻草或是时令水果什么的。

小光宪最喜欢夏天。因为这个季节,每天都会有船从河上经过,传来一阵阵响亮的"卖西瓜了"的吆喝声。每每听见吆喝声,他便会叫停卖西瓜的小船,问过价钱后,一次就买上十几个西瓜。

小光宪最喜欢这些圆滚滚的熟透了的西瓜了。尽管他还很小,但他每回都使出浑身的劲,一趟趟,吭哧吭哧地把这些西瓜搬回自己家里去。

那时候还没有冰箱这种家用电器,小光宪发现自己家后院里的井水即便到了夏天也还是瓦凉瓦凉的,于是,每天早上他便把一只大西瓜放到大盆里,用清凉的井水来"冰镇"西瓜。到了中午酷热难当时,一家人都乐呵呵地围坐在一起,分享这"冰镇"过的西瓜,一起享受西瓜带来的阵阵凉意。这时,温文尔雅的父亲总要夸奖孩子两句:"我们家阿宪就是聪明,都发明出冰镇西瓜来了!"

听到父亲的夸奖,小光宪觉得自己做对了事情。

那时绍兴城里还没有电灯,照明就点煤油灯;没有自来水,只能用河水洗衣服。生活用水则大多是从自家井里打上来的井水或是收集的雨水。

每当下雨的时候,家家户户都会把天上落下的雨水——绍兴人十分形象地称之为"天落水"——用半圆形的黑瓦和洋铁皮做成的水管引下来,引到一口直径一米的大缸里,作为生活用水。徐家屋顶上就装有洋铁皮做的水管,下雨时雨水都汇聚到铁管里,再通过直管流进放在大天井里的两口大陶缸里。

小光宪特别喜欢玩水。下雨的时候,他不怕雨淋跑到引水装置前,去玩那些清凉的雨水。有时,他还用手把铁皮水管的出口堵住,让雨水流不出来,在铁皮水管里蓄积,积到一定程度了再放开手,积蓄的雨水就会猛烈地喷出,喷得远远的。小光宪便会兴奋地发出一阵惊奇的叫喊声:

"哇——水枪发射咯!"

这时,屋子里就会传来母亲的责骂声:

"阿宪,你又在玩水了!别把衣服弄湿了,会生病的!"

只听见声音,却不见母亲出来阻止。于是,小光宪又"故伎重演",一次又一次地把铁皮水管里的水堵住,再松开,乐此不疲。

有时,正好赶上父亲从事务所里回家,看到孩子玩水玩得不亦乐乎,不但不劝阻,反而兴致勃勃地站在一边看着他玩闹。

"阿爸,您回来了。"小光宪发现了父亲,叫了他一声。

父亲愣了一下才反应过来。他招招手,让孩子走到自己身边,然后和蔼地问他:

"阿宪,我小时候也喜欢玩水。这雨水,是不是特别好玩?"

"是呢。爸爸,您看这水枪,神奇得很呢!"小光宪看到父亲不仅不阻止他玩水,还对玩水饶有兴趣,感到有点意外。

"你发现了什么没有?"父亲接着问。

"是的。我发现,如果我用手堵住水管的时间越长,水喷射得就越远。"小光宪回答。

"答得好!"父亲赞许地说。

"那么,你知道为什么会这样吗?"父亲又问。

小光宪想了想,说:"因为水管里蓄积的水越多,力量就越大。"

"对!可雨水为什么会喷射呢?在物理学上有个名词叫'压力'。积蓄的水越多,压力就越大,因此喷射得就越远。阿宪,你要经常动脑筋,逢事都要问个为什么。这样,你就可以从日常生活中不断地发现科学道理。"父亲鼓励道。

小光宪点了点头。

"哦,原来,在玩水这样寻常的游戏中,还隐藏着深奥的科学道理呢。看来,今后自己要多动脑筋想问题了。"小光宪在心里对自己说。

　　徐光宪是家里最小的孩子,在他上面最大的姐姐比他大16岁,最小的三哥也比他大7岁。在他幼年时,三个姐姐都已出嫁,而哥哥们都在上学。因此,童年的小光宪在家里几乎找不到玩伴,但他总能一个人找到各种乐趣。他的童年游戏可以说是"自娱自乐"。

　　他喜欢玩一种叫"拉铃"或"空竹"的游戏,就像我们今天在杂技节目里经常看到的。拉铃有两个轮子,轮心用硬棍相连,称作"双轮"。玩拉铃的人用一根绳子卡在两个轮子中间,拉动绳子,轮子便会在绳子上飞快地转动。因为轮子上有小孔,在转动的时候,风吹进小孔,便会发出好听的声音。童年的小光宪十分擅长玩这个游戏。他能够把拉铃抛向空中、再接住,抛出、再接住……令旁边的人看得眼花缭乱,惊叹不已。他还会玩"单铃",就是去掉了一边的轮子,如同茶壶盖子一般形状的"铃"。"单铃"不像双铃一样对称,因此不平衡,玩好它更加需要技巧。

　　童年时的这些游戏,很好地锻炼了徐光宪的动手能力。

　　和大多数孩子一样,徐光宪幼年时好奇心特别强。

　　夏天在天井里乘凉,望着天上一闪一闪的星星,他就缠着父母问:"天上有多少颗星星?"没事时,他也会趴在母亲的头发上数呀数,一边数一边问:"人究竟有多少根头发?每个人的头发数量是不是一样多?"

　　大人们回答不出来,就笑着说:"你这个傻孩子,尽提一些傻问题!"

　　但是,小光宪却不死心。童年的这些问题一直伴随着他长

大。许多年后,他终于从文献中找到了这些"傻"问题的答案:
"黄种人大约有 12 万根头发,白种人大约有 10 万根,黑种人大约有 14 万根。银河系大约有 1000 亿颗像太阳那样的恒星,整个可见宇宙,大约有 100 亿个像银河系那样的星系……"

徐光宪的父亲在清朝时曾经当过中书省的中书,民国时期他进入浙江法政专门学校法律科学习,毕业后在律师事务所任职。平时他喜欢下围棋,水平相当高,在绍兴的朋友中间几乎没有谁是他的对手。他还自己编写了一本名叫《中日围棋百式》的书,于 1920 年 9 月自费印刷出版。

徐光宪从小就跟父亲学围棋。围棋的棋盘横、纵各有 19 条线,共 361 个交点,一个交点称为一"目"。黑白双方依次下子,最后以占领"目数"多者为胜。

围棋开局,双方都在角上下子。常见的有:4×4 路称为"星位",3×4 路称为"小目",3×3 路称为"三三",3×5 路称为"目外"等。然后是在对方角上棋子旁边行棋,称为"挂角";在自己角上行棋,称为"守角"。每个角上局部的行棋方式,前人经过大量研究,选出其中数以千计最为合理的方式,称为"定式"。每一种定式还有许多变化。

对弈大概一半的棋局以后,就进入了"中盘"。中盘千变万化,就没有定式了。以后的每一步每一子,都要经过严格的思考和分析:为什么这一步要这样走?如果这样走了,对方的第二步可能会怎样走?我的第三步又该如何?专业棋手要在头脑中计算出几十步。如果预想结果对自己不利,就要另外设想第一步,再计算几十步。所以要下好围棋,需要非常强的记忆力、逻辑思维能力和对形势的判断能力,是非常伤脑筋的。

围棋是棋类中最复杂的一种,也是锻炼思维最好的一种智力游戏。围棋理论是数学概率论、系统科学的决策论难以攀登的高峰。目前已研发出来的计算机软件可以战胜国际象棋冠军,但围棋的计算机软件却连一般的业余棋手都很难战胜。

围棋的规则非常简单,黑白双方的任何一方只要把对方的一些棋子全部围住,就可把这些棋子杀死,从棋盘上全部剔去。所以被对方围困的一群棋子,只要有两个"眼"(即两个空格),就是"活棋"。

到终局时,黑白双方各有几块活棋,都被对方互相围住。终局前如果双方都还有没被围住的空格,称为"官子",那就以官子走完终局。计算胜负时,只要数清并比较一下双方的空位目数,就能知道谁胜几目。

所以,围棋有序盘、定式、中盘战斗、死活、打劫、大官子、小官子等七个步骤。它对军事家的决策、企业家的商战、科学家的逻辑推理和制订科研计划,乃至对个人一生的决策,都有很大的帮助作用。徐光宪父亲编写的《中日围棋百式》对这七个步骤的精华都做了扼要解释,并附有棋经、棋诀、棋谚。

徐光宪学习父亲的棋书,并在实战中训练体验,初步明白围棋的棋理和上述七个步骤的作战方法,对他后来从事科研创新方法学的探索和研究都很有启发。比如,在他的教学生涯中,他总是坚持在讲课之前,将自己的思路理得清清楚楚,这样就能把学生教懂、让学生喜欢,这就好比下围棋前需要早做计算,理清自己的思路。

父亲徐宜况作为一名律师,平时并不需要每天到事务所去上班,就把自己的家当作了自己的办公地。于是,没有玩伴的徐光宪便有很多的时间同父亲待在一起。这是他一生中最幸福的时光。

父亲熟悉中国古代的《九章算术》《孙子算经》等,经常给小光宪出一些需要动脑筋的题目来考考他。

有时,他从《九章算术》里给孩子出了一道算术题:"今有牛、马、羊食人苗,苗主责之粟七斗。羊主曰:'我羊食半马。'马主曰:'我马食半牛。'今欲衰偿之,问各出几何。"

小光宪问:"什么叫'衰偿'呢?"

父亲回答:"就是按照牲口偷吃禾苗的数量来大约分配各自的赔偿数量。"

"哦,让我算算。如果羊吃了 1 片禾苗,那么马就是 2 片,牛就是 4 片,一共 7 片禾苗,要赔 7 斗米。那么,羊的主人就要赔 1 斗,马的主人赔 2 斗,牛的主人赔 4 斗。"

"对。你再验算一下,一共正好是 7 斗,而且羊主人赔的是马主人的一半,马主人赔的则是牛主人的一半。"父亲赞赏地说。

"那么,我再给你出一道更难的题目。"父亲故意停顿了一下,接着出了一道《孙子算经》里的题目,"今有物不知其数,三三数之剩二,五五数之剩三,七七数之剩二。问物几何。"

"三三数剩二,也就是说,这个数如果减去二就是三的倍数了。可是三的倍数,那可多了去。"小光宪自言自语道。

爸爸启发他:"你注意看看这道题目有什么特别的地方。"

"三三数剩二,五五数剩三,七七数剩二……三三数剩二,七七数也剩二,好奇怪啊!"小光宪慢慢地发现了题目的"奥秘","对了,这个数减去二后,应该既是 3 的倍数,也是7 的倍数。三七二十一，21加2等于23。23除以5，嘿，还正好余3！"

"爸爸，这个数是23！"小光宪兴奋地转头告诉父亲。

"对了！我们家阿宪真聪明。"爸爸鼓励道，"那么，我再给你出一道更难的题目。这可是中国古代的一道名题，叫作'鸡兔同笼'。请听题：今有雉兔同笼，上有三十五头，下有九十四足。问雉兔各几何。"

"鸡和兔关在一个笼子里，数头有35个，数脚有94只。兔有几只，鸡有几只？"小光宪默默自语，"假设有1只鸡，那么就有34只兔子，一共就有138只脚，脚多了；如果有2只鸡，那么就有33只兔子，一共就有136只脚……"他一直不停地计算着。

父亲也不让他停下来，只是微笑地看着他。

一直到了吃饭的时间，小光宪还没算出结果。母亲喊他："阿宪，先吃饭啊。吃饱了再接着算嘛。"

"不，我一定要算出来！"小光宪回答。

"如果是15只鸡，那么就有20只兔子，一共有110只脚；如果是22只鸡，那么就有13只兔子，一共是96只脚；如果是23只鸡，就有12只兔子，一共就是94只脚！对了！"

他转向父亲："爸爸，我算出来了。有23只鸡，12只兔子。"

父亲点点头："算对了！吃饭吧，孩子。"

吃完饭，父亲又启发小光宪："阿宪，你再想想，做这种题有没有什么规律，或者特别的地方。"

见小光宪还没听明白，父亲便又接着提示："你想想，鸡有几只脚，兔有几只脚。如果笼了里关的全是鸡或者全是兔子，会出现什么情况呢？"

"鸡有 2 只脚,如果全是鸡,就是 70 只脚。"小光宪回答。

"对啊。那么,70 只脚就比实际的 94 只少了多少?为什么会少呢?"父亲接着提示。

"噢,少了 24 只脚。为什么会少呢?……因为其中有些不是鸡是兔子。兔子 4 只脚,每只兔子就会多出两只脚。"光宪在心里默默地计算着,"少了 24 只脚,那就说明中间应该有 12 只兔子才对。这样子,12 只兔子 48 只脚,剩下 23 只鸡是 46 只脚。两者相加,正好就是 94 只脚。"

"我找到规律了。"小光宪高兴地告诉了父亲自己的发现。

父亲表扬了他,接着又提示他:"那么,你还有没有别的计算方法呢?譬如,假设笼子里关的全是兔子?"

"对!如果全是兔子,那么,同样的道理,35 只兔子就有 140 只脚,140 只比 94 只多出了 46 只。这多出的脚就是因为其中有一些是鸡而不是兔,一只兔子多出 2 只脚,总共多了 46 只脚,就说明有 23 只鸡,那么,兔子就是 12 只。"小光宪在心里默默地算了一遍,然后告诉了父亲自己的答案。

"很好!"父亲不无骄傲地点点头,"记住,孩子,以后不管遇到什么问题,都要多动脑筋,多想一想,既要从正面思考,也要从反面思考,从多个角度进行思考。"

"爸爸,你再给我出一些算术难题吧!"小光宪恳求道。

"好,那我还给你出一道'鸡兔同笼'题吧。笼子里一共有 50 只头,120 只脚。问,有几只鸡,几只兔?"

这一次,小光宪几乎不费劲就算出了答案:40 只鸡,10 只兔子。

这些从中国古老智慧引发而来的数学题,激发了徐光宪对数学的浓厚兴趣。在这之后，他经常缠着父亲："再给我出些数学难题吧！"

1926年，徐光宪到绍兴龙山小学正式上学，后来转入绍兴县第二小学。

目不识丁的母亲告诉他，读书要勤奋，要刻苦。那时候，徐光宪有一个堂哥是上海交通大学毕业的。上海交大当时已是驰名中外的一所名校。母亲便经常拿堂哥的例子来激励小光宪，说人家学习如何勤奋如何努力，最终才考取了著名的大学，将来肯定会有大出息。

母亲就这样拿身边亲人做榜样不停地说教，对小光宪的影响很大。他从小便有了自己的第一个梦想，那就是像堂哥一样，考取上海交通大学。

小光宪读书特别用功，也特别勤奋。每天，他都要母亲或大嫂早早地叫醒他，起床后快快地吃过早饭，天蒙蒙亮就从家里出发，第一个赶到学校。有时候，学校的大门都还没开，他就站在外面等着开门。

有一回，大嫂因为起晚了，早饭还没做好，小光宪起床一看时间，急得都快哭鼻子了。

大嫂劝慰他，还有一小时才上课呢，别着急，等吃完早饭再去还来得及。可是这孩子哪里还能静下心来等饭做好，一个劲地嚷着"我要迟到了，要迟到了！"眼泪都流出来了。他就这样饿着肚子，一路小跑着赶到学校。

自从这件事发生之后，大嫂便再也没有起晚过。她也心疼光宪这个勤奋好学的好孩子。

小光宪上课时总是聚精会神地听讲。回到家，就在煤油灯下认真地做功课。在学习上他十分地投入。

有时,他早晨起床,一看天已大亮,以为上学要迟到了,背起书包就往外跑。家里人在后面不停地喊他:"阿宪,你干吗去啊?今天是星期天,不上学!"这时他都已跑到马路上了。因为聪明好学,他的学习成绩始终在全班名列前茅。

小时候,徐光宪体质较弱,爱生病。那时候,在绍兴城里西医还不普及,抗生素也还没有被发明出来,因此,人们生病了主要还是看中医,抓中药来吃。

有时家里人带着小光宪去买中药。站在老远的地方,就能闻到中药铺里飘散出来的一股浓烈的药香味。每次在柜台外面等着抓药时,小光宪总是目不转睛地看着柜台里的伙计灵活地拉开一格格古色古香的、贴着写有中药名称标签的小抽屉,从这个抽屉里抓出一点,从那个抽屉里取走一些,用小铜秤熟练地称取,将几种药材混合在一起,用纸包起,再用绳子扎好,交到顾客的手中……

那些药柜子高至天花板,布满了整间药房,数不清有多少个小抽屉。小光宪觉得这些抽屉很好玩,并且模模糊糊地意识到,自己也应该在头脑中建起一格格"小抽屉",把从学校老师那里学到的各种知识分别放在里面储存,还要把不同的"抽屉"有顺序地排列,这样才能记得住它们。这种分类归档、建立自己的知识框架的习惯,使他终身受益。

徐光宪读小学的时候,他的哥哥在读高中。看着弟弟对天上的星星充满了好奇,就故意逗他:"阿宪,你不是想知道天上究竟有多少颗星星吗?你可以自己数数看。我可以教你看得更清楚些。"

"怎样看得更清楚?"小光宪的好奇心一下子便被提了起来。

"我来教你制作一架望远镜吧。它可以帮助你望得更远,看得更清楚。"哥哥回答。

"望远镜?我们自己也能制造望远镜?"小光宪更加好奇了。

"是啊,你自己动手。我告诉你怎么做。"哥哥鼓励他。

就这样,在哥哥的指导下,小光宪用两块透镜和两个纸筒,做成了一架可调节的简易望远镜。

透过望远镜,他看见天上闪烁的繁星在自己的眼中变得更近、更清晰了,牛郎织女星看起来都有小乒乓球一般大。这令他兴奋不已,直呼道:"太神奇了! 太神奇了!"

"是啊。世界上还有许许多多神奇的事情呢!"哥哥说。

白天,骄阳似火。哥哥告诉他:"我们用一个放大镜,就可以把纸点燃。"

小光宪不相信:放大镜是玻璃做的,怎么能像火柴一样用来点火呢?

哥哥带着他来到炎炎烈日下,把一根火柴放在地上,让放大镜一面朝上对准太阳,透射下来的焦点聚焦在火柴头上。没过一分钟,只听"嗤"的一声,火柴头便被点燃了。

"太奇妙了!"小光宪大声叫喊。

哥哥又把火柴换成了一种绒纸,用同样的方法来聚焦。

等了一分钟,还没有动静。小光宪耐不住性子了,把小手伸到放大镜下面想去摸一下那个聚焦的光点。哥哥还没来得及阻止,结果就听见光宪"哎哟"叫唤了一声。

他的小手被灼伤了。哥哥赶紧放下放大镜,抓过弟弟的手,使劲地吹气,责怪他:"你不知道这光点温度有多高,都能把纸烧着呢!"

好在温度还不够高,小手只是感到很烫,倒是没有大碍。

"记住了,阿宪,以后做这些'科学实验',一定要注意安全,要学会自我保护啊!"哥哥牢牢地叮嘱道。

童年时这些有趣的实验,唤起了徐光宪对科学强烈的好奇心和浓厚的兴趣。这,一直都是他从事科学研究最原始而又最持久的动力。

第二章

坎坷的少年时代

徐光宪童年时，家境富足。家里开支主要依靠上虞老家百余亩地的田租和父亲当律师的收入，日子过得无忧无虑。父亲还与人合伙，在绍兴城里开设了一家像"林家铺子"一样的布店和一家小钱庄。小钱庄徐家入股4000银元。

徐光宪的大哥徐光宇1909年出生，在光宪小时候就上了大学。

二哥徐光宙1910年出生，在1922年初中毕业后，就到父亲的钱庄当学徒。5年学徒期满后，17岁正式当上了钱庄的伙计，慢慢升任协理。协理是仅次于经理的钱庄负责人。

在钱庄工作，社会交游很广，三教九流的人都有。徐光宙20岁出头就当上了钱庄的协理，志得意满。这时候，有人诱惑他，教唆他参与赌博。

赌博就像吸食鸦片,很容易让人上瘾,对于一个心智尚未完全成熟、还缺乏自制力的青年而言更是如此。二哥染上了赌博的恶习之后,也是越陷越深,不能自拔。赌输了钱,别人就故意借钱给他,并让他立下借据,心里盘算着:反正他家里开钱庄,也不怕他没钱还债。

就这样,不知不觉间,二哥便欠下了巨额的债务。等到父母发觉时,他已经一共欠了8000元。父亲气坏了,天天唉声叹气的,为家里出了这么一个不肖之子而束手无策。

然而,欠债还钱,天经地义。哪怕是赌债,那也是债,也得还。徐家是一个书香门第礼义世家,就是咬着牙,他们也要把二哥的赌债还上。

那些日子,全家人都愁眉苦脸的。父亲把钱庄和布店都折价转手了,又把老家的大部分宅地也都卖掉了,这才总算把8000元钱凑齐了。

一向教子甚严的母亲非常生气和失望。她狠下心把二哥赶出门去。她对哭哭啼啼的二儿媳(徐光宪的二嫂)说:"让他出门反省反省去,过些天就让他回来。"

二哥自己也感觉没脸再待在家里了,而且因为在绍兴的商界圈里,他几乎声名狼藉,找不到工作。

几个月后,有个亲戚要去西安工作,家里便给了二哥一些路费,托那位亲戚带他去西安谋生。

到西安后,二哥跟二嫂一直都有书信往来,但到了1936年"西安事变"后,音讯便断了,从此再无消息。徐光宪的一个至爱亲人就这样从人间消失了!

1932年,徐光宪的大哥徐光宇大学毕业。那时,知识界纷纷提倡"教育救国"，社会上私人办学成风。徐光宇打算和同学一起创办一所私立学校。但是，因为还二哥欠的债，家里已经没有什么钱了。不过好在母亲还有不少陪嫁过来的金银首饰。徐光宇就把母亲的这些首饰变卖了，换成5000多元，和自己的两个同学一道，在杭州创办起了清华初级中学。学校规模不大，只有几百名学生。

这一年，徐光宪从绍兴县第二小学毕业，升入大哥办的清华初中。懂事而好学的徐光宪学习特别刻苦，他的成绩总是保持在全班第一。

经历了二哥的那一场变故，向来乐观开朗的父亲心理遭受了沉重的打击，身体状况亦每况愈下。因为过度劳累和心情抑郁，1933年，刚刚年过50的他便一病不起。

8月15日这一天，13岁的徐光宪和平时一样，坐在课堂里专心致志地听讲。突然，有人跑到教室里来找他，原来是母亲托人带信叫他赶紧回家。等他快步跑进家门，只见父亲已经双目紧闭，阖然长逝。

1925年，徐光宪5岁时与父兄合影。左一为二哥徐光宙，左二为大哥徐光宇

徐光宪跪在父亲的床头前，泪如雨下。小小的他，第一次深切地感受到了人生的悲哀。

徐家的顶梁柱倒了！

从此，这一家人的日子变得清苦起来了。

说来也奇怪，就在父亲去世后不久，刚上初二的徐光宪也大病了一场。他得了严重的伤寒，以至于不得不休学回到绍兴的家中。

这一次，徐光宪整整发烧了 28 天。母亲徐陈氏日夜照料，精心护理，终于从死神的手里夺回了儿子的生命。经过半年的休养，徐光宪才渐渐恢复了健康。

正当徐光宪病愈重返清华初中时，大哥办的这所学校却出事了。

当时，学校里有一名校工，染上了肺病，整天咳嗽。在那个年代，还没有抗生素，得了肺病几乎就是绝症，而且这种肺病还具有很强的传染性。为了防止传染他人，学校方面劝那位校工离职回家休养，并且给了他一年的工钱。但是，那位校工大概是感到人生无望，竟然在学校里上吊自杀了。

校长徐光宇被拘留了，学生们出于恐慌也纷纷退学。

学校无法再办下去了。大哥只好把学校转让给他人。变卖母亲首饰换的 5000 多元钱就这样全赔进去了。

初中时，徐光宪开始学习历史和地理课。老师在课堂上讲世界上有哪些"第一"，又有几大什么，像世界的四大河流是非洲的尼罗河、南美洲的亚马孙河、亚洲的长江和北美洲的密西西比河，世界最高的山是珠穆朗玛峰，海洋最深的地方是马里亚纳海沟，中国的十大名胜是万里长城、桂林山水、杭州西湖、北京故宫、苏州园林、安徽黄山、长江三峡、台湾日月潭、避暑山庄……

徐光宪专门用一个本子，把这些知识一条一条地记下来，他感觉就像集邮一样，非常有意思。以后，在学到类似的知识时，他都把有用的内容记到笔记本上，并经常拿出来翻阅、温习。就这样，许多知识就像在他脑里扎下了根一样，记得特别牢固。

1935 年 7 月，徐光宪初中毕业。他得到浙江省正在举行中学生数理化竞赛的消息，马上报名参加。

全省一共有 400 多名学生参加竞赛。

比赛那天，徐光宪特意借了大哥的一件旧长袍穿上，直奔考场。

比赛结果出来了，他的成绩名列第二，获得了优胜奖，奖品是中国科学化运动协会办的会刊《科学的中国》，赠刊为期两年。这是一本相当有趣的科普杂志，每期都会介绍一些像"人体中所含元素""肥皂的原理与经济用法"等与日常生活密切相关的科学常识，还有对世界科技发展的图文并茂的介绍，从国外最新报刊中翻译过来的科技动态……

徐光宪很喜欢这本杂志，从中学到了许多有益的知识。

初中毕业时，因为成绩优异，徐光宪被保送到绍兴稽山中学读高中。那时，在上虞还有一所著名的中学叫春晖中学，坐落在风景秀丽的白马湖畔。当时的春晖中学汇聚了一大批名师学者，夏丏尊、朱自清、朱光潜、丰子恺等先后在此执教，推行新教育，传播新文化，奠定了这所绍兴名校坚实的基础，赢得了"北南开、南春晖"的美誉。徐光宪对春晖中学心怀仰慕，却无缘就读。即使这样，夏丏尊等老师们的著作依然是他最喜欢的读物，他们热爱祖国、热爱人民、热爱真善美、热爱教育的精神在无形中影响了他的人生观。

稽山中学是一所由著名教育家邵力子等人创办的普通高中,学生毕业后可以报考大学。这所学校创建于1932年,当时的高中普通班开设有公民、国文、英语、算学、历史、地理、生物、物理、化学、军训、图画、劳作、音乐等课程。学校十分重视学生的动手实践能力,专门购置了动植物标本和理化实验器材,使学生们可以边做实验边学习新知识。

学校教学管理十分严格,教务处制定了《成绩考查规程》《补考规则》《重读规则》《考试规则》等有关学业考评的规定。成绩考查的方式分为:1.平日考查,考查方法、时间及次数由教员自行酌定;2.学月考试,每学期2~3次,由教务处定期举行;3.学期考试,在每学期期末由教务处举行。平日考查、学月考试和学期考试各占全学期成绩的三分之一,成绩分为超、甲、乙、丙、丁、戊六等。丙等以上为及格,给予学分,丙等以下者不得升级,丁等者可以补考一次,戊等者留级重读。

1935年9月,徐光宪进入这所高中就读后,因为学习勤奋刻苦,两个学期的成绩始终排在第一名。但是,这时他家的经济状况却出现了严重问题。

自从二哥的变故和父亲去世以后,徐家的境遇每况愈下。此时大哥的学校也已转手他人,家里的布店、钱庄没了,上虞老家的田地也所剩无几。家里的收入主要依靠大哥教书挣的钱,母亲徐陈氏也不得不亲自纺织,贴补家用。全家人节衣缩食,但是仍显捉襟见肘。

徐光宪才刚刚读高中一年级,如果按照正常的求学节奏,他还需要七年才能读完大学，但家里的经济状况实在难以为继。在这种窘境下，母亲和大哥商量，想出了一个主意。

这一天，徐光宪放学回家，母亲对他说："阿宪，你已经长大了。有件事情我要同你商量。"

"什么事情？"徐光宪抬起头问。16岁的孩子几乎跟母亲一般高了。

"俗话说，家有良田万顷，不如一技在身。阿宪，你也看到了，咱们家经济状况不太好，因此我想让你放弃念高中，改读职业学校。这样，你读两三年就能掌握一项技能，就可以工作挣钱养家了。"母亲将自己的想法说了出来。

"可是，我想将来像堂哥一样考入上海交通大学呢！"徐光宪很不情愿地回答。

母亲心里很难过。但是，信奉"家有黄金满籝(yíng，竹器，竹笼)，不如遗子一经"的她，认为目前只有这样的选择才是更为明智的。

她对儿子说："阿宪，你已经16岁了，按照我们中国的传统，可以说是个成年人了，你要为今后的出路多想一想。现在，咱们家生活比较困难，你应当替家里分担一些。如果继续读高中，还要7年才能大学毕业，而改读职业学校，你再有个两三年就可以自立了。你大哥今天来信，说浙江大学下面有两个中专学校，一个是学工业的，一个是学农业的。浙江大学的声誉好，学生毕业后一定能找到工作。我和你大哥的想法是让你报考中专班，你再好好考虑一下吧。"

徐光宪还是不甘心，上大学毕竟是他的一大梦想啊！但是，母亲的话也不无道理，自己已经成年，应该为家里分忧。望着母亲憔悴的面容,他的心情很是复杂。

经过一番痛苦思索和再三权衡,徐光宪最终决定报考浙江大学附属杭州高级工业职业学校(简称"杭州高工"或"浙大高工")土木系。之所以选择这所学校,是因为该校主要培养工程员,毕业生的就业率达到百分之百,徐光宪希望毕业后能够到铁路系统工作,早日挣钱贴补家用。

杭州高工的前身是创办于 1910 年的浙江中等工业学堂,1911 年学校停办,1912 年复校时更名为"浙江公立中等工业学校"。1933 年,由浙江省教育厅主办,浙江大学代办,抗战开始后因浙大内迁而停办,抗战胜利后改名为"浙江省立杭州高级工业职业学校"。当时杭州高工的录取比例是 7:1,而省立杭州高级中学的录取比例也只有 4:1,可见考取这所学校的难度之大。

当年土木系一共录取正取生 31 名,备取生 5 名,徐光宪凭借扎实的知识功底,顺利考上了杭州高工正取生,进入土木系学习。

那时候,中专学校还没有专门的教材,使用的都是大学的教材。因此,徐光宪在杭州高工三年的学习实际上相当于要学完高中三年的知识加上大学四年的内容,课程安排得非常紧凑、严密。这所学校隶属于浙江大学,教学由浙江大学代管,学校的老师由浙江大学的教师兼任,使用的教材也是大学里用的厚厚的英文教科书。

徐光宪高一时学习代数、三角、解析几何和微积分、国文、英语、化学、物理和体育,以及木工、车床工、铸工和锻工等;高二学应用力学、材料强度学、测量和实习、投影几何和机械制图学;高三学钢筋混凝土设计、桥梁结构、公路和铁路工程、房屋建筑学、城市给水和污水处理工程等。三年时间里,除了不学历史、地理、生物和化学,他几乎把高中和大学土木系的课程都学完了。从高二开始,还要从事一些野外测量、木工、车工、铸工和锻工等方面的实习工作。

杭州高工位处浙江大学西南角的求是里,紧靠大学路。学生宿舍楼前有一片荷塘,这就是求是湖。在夏日的夜晚,经常能听到响亮的蛙鸣声。北面的平房是校长、教导主任、训导主任等校领导的办公室。学校饭费每人每月大约六元钱,吃饭时四人一桌,有两个荤菜、两个素菜和一个汤。

那时,杭州高工和浙江大学的学生并不多,加起来一共也就几百人。浙大的学生从不歧视高工的学生,把高工的学生也当作浙大学生看待。参加工作走上社会后,高工的学生们也将浙大作为自己的母校,浙大的学生们也将杭州高工的同学当作自己的校友。

因为杭州高工离浙江大学非常近,所以杭州高工的学生可以充分利用浙大的各种条件,比如,可以经常去浙大校园里听各种讲座。徐光宪就曾多次聆听过当时浙大校长竺可桢的报告。

而令徐光宪印象最为深刻的是有一天晚上听时任浙大化学系主任周厚福先生关于"荧光染料"的讲座。

讲座开始后,周先生把荧光染料倒进盛有水的脸盆中,然后关掉电灯。这时,同学们看见脸盆中的液体熠熠发亮,散发出奇异的光彩,都惊奇地叫了起来。

周先生又把毛巾放进脸盆中浸湿,然后拎起来,绞了一把。于是,整块毛巾就像一个瑰丽的发光体,在黑暗中发出美丽的亮光。

在场的徐光宪和同学们都兴奋不已,直呼:"化学太神奇了!太有趣了!太好玩了!"

就是从这时起,徐光宪开始对化学产生了浓厚的兴趣,这对他后来走上研究化学的道路产生了极大的影响。

今天,在浙大的校园里矗立着周厚福先生的塑像。周厚福先生的儿子曾任台湾化学学会的会长,徐光宪后来在担任亚洲化学会会长时认识了他,他还曾邀请徐光宪去台湾访问。

从杭州高工南面小门出去,就可以到达浙江省立图书馆。这是当时杭州最大的图书馆,藏书量相当丰富。徐光宪经常和同学一起去那里借书和上自习。因为学校里使用的都是英文教材,这个图书馆的图书正好可以帮助他更好地理解在课堂上所学到的内容。

几十年后,当徐光宪故地重游时,原先居住的学生宿舍所在的求是里、荷塘和浙大都已不在原处,只有浙江省图书馆还挺立在这里,令他倍感亲切。

在浙江省立图书馆,徐光宪学会了杜威的"图书十进分类法"——原先在他脑海中已有的模糊的"中药铺抽屉",自此变成了一个个清晰的知识抽屉。

"杜威图书十进分类法"是由美国图书馆学专家麦尔威·杜威发明,并对世界图书馆分类学产生很大影响的一种图书分类法。它依照传统的学科来分类,以 10 个主学科来涵盖所有的知识体系,每个大类下又细分为 10 类,接着再分成 10 小类……这是比"中药铺的抽屉"更为科学和系统的一种分类方法。

徐光宪的学习生活虽然紧张,但是十分充实和愉快。然而,战争却打破了原本宁静的校园生活。1937年，"七七卢沟桥事变"爆发，日军全面侵略中国。偌大的中华大地，再也安放不下一张平静的书桌了！

8月13日，日军进攻上海。杭州也经常响起防空警报。

9月21日，杭州高工被迫迁到萧山县闻家堰浙大农场，靠近湘湖师范。没有校舍，学生们就在临时搭建的茅屋内上课。敌人的飞机不时地在头顶上轰鸣，危机四伏。虽然条件十分艰苦，但是国难当头，越是艰苦越能激发起大家学习的热情。

然而，即使是这样艰苦的学习生活很快也无法继续下去。11月8日，日军在大金山岛登陆。11月27日，杭州高工无奈宣布全面停课。

12月24日，杭州沦陷。浙大随即迁到贵州遵义。因为缺乏经费，浙大附属的杭州高级农业职业学校和杭州高工均被迫解散。

杭州高工解散之后，徐光宪不得不回到了自己的老家、父亲的出生地——上虞下徐村。而在下徐村东山七亩的老屋里，他一刻也没有放弃学习。

没有老师教，他就自学代数，做霍尔和奈特编的代数习题，做史密斯和高尔编的解析几何习题。在这段时间里，他做完了大量的数学习题，同时也很好地提高了自己的英语能力。多做习题的习惯，后来给予了徐光宪相当丰厚的回报。

战争年代，救亡图存成为压倒一切的要务。当中华民族到了最危险的时候，每个人都希望竭尽全力，为民族的生存尽心效力。当时，在教育界有些人主张高中以上的学校，凡是与战备关系不大的一律停办；鼓励学生们投笔从戎，上阵杀敌。有些人则主张，我国大学生本来就很少，只占不到总人口的万分之一，为抗战建国之计，原有教育必须维持，否则后果堪忧。况且我国人口众多，不缺兵源，尚无立即征调大学生上前线之必要。因此，"战时须作平时看"，要大力培养能治学、治事、治人、创业之通才与专才。

在后者的这种先进思想的指导下，1938年夏天，浙江省教育厅通知那些已被遣散回家的杭州高工的学生：如果愿意，可以转学到宁波高级工业职业学校，继续他们被迫中断的学业。

宁波高级工业职业学校（简称"宁波高工"），是1912年1月由鄞县士绅陈屺怀创办的，原称"宁波公立中等工业学校"。1934年5月，改由浙江省办，更名为"浙江省立宁波高级工业职业学校"。

徐光宪接到通知后，毫不犹豫地离开上虞老家，和同学金开林一道，乘船来到了宁波。由于在上虞乡下的8个月时间里，他始终坚持自学，因此在重新入学考试时，他顺利通过，直接插班到土木建筑科三年级，而没有像大部分同学那样降级读二年级。

当时，宁波市区也已被日军占领，宁波高工只能在乡下一个叫作风岙寺诚应庙的寺庙里上课，条件十分艰苦。

这是一座破败的小庙。大家将菩萨塑像等搬开，腾出空间来上课。白天时放上书桌，小庙就变成了课堂。到了吃饭时间，大家就在书桌上用餐，这里又成了食堂。到了晚上，把书桌搬开，在地上铺开各人的铺盖，这里又变成了学生的集体宿舍。校长讲话的时候，这里又成了大会堂……同学们就在这座破庙里坚持学习。

那段日子，老师们的生活也很艰苦。通常都是两位老师挤住一间五六平方米的小屋，在这么狭小的屋子里备课、改作业，指导登门求教的学生。老师的一言一行，深刻地影响着每一位在国难中孜孜求学的学生。

一年后，徐光宪顺利修完学业，从宁波高工毕业了。在《宁波高级工业职业学校大事记》中记载："六月，建筑科学生高方箴等十八人、土木科学生徐光宪等十人同时毕业。"在土木科毕业生的成绩表上，详细记录了徐光宪从 1938 年 8 月入学到 1939 年 6 月毕业期间的各学期平均成绩、各科毕业考试成绩以及各科毕业成绩。徐光宪修读了河海工程、房屋构造、材料力学、水力学、声学、钢筋水泥、制图、石工学、道路学、特殊教学、土木实习、测量实习等课程，毕业平均成绩为 88.26 分，操行成绩为 90.0 分。

虽然在抗日战争期间，条件十分恶劣，但是教师和学生们都能发愤图强，因此，在这段时间里，培养出了一大批后来在国际上产生了很大影响的人才。徐光宪正是这样一位在艰难环境中刻苦攻读、最终成才的典范。

第三章

圆了大学梦

1939 年，正值抗日战争如火如荼之际，国家的重要机构纷纷退守西部和大西南，人们在西部地区开始了热火朝天的建设大潮。

那时，昆明铁路局计划从四川南部的宜宾修建一条铁路到昆明，因为宜宾古名叙州，简称"叙"，因此这条铁路就被称为"叙昆铁路"。

昆明铁路局派了一个领班来到宁波，要招收 8 名铁路实习工程员，充当工程师的助手，参与修建叙昆铁路。

经过考核，徐光宪和另外 7 名同学一起被录取了。

那时候，因为战争，从宁波到昆明已经没有火车可通，只能先到上海，再从上海坐船经海上到达越南的海防，然后取道越南老街，隔河走过一座桥，进入中国云南省的河口，最后从河口

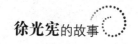

坐火车到昆明。

领班带着8名踌躇满志的青年毕业生来到了上海，大家在一家小旅馆里住下。

领班告诉大家说他要去买船票，然后就走了。

8个青年就一直待在旅馆里，等着领班回来。

到了天黑，领班也没有回来。

大家感到了不安，纷纷议论到底出了什么事。大家最初的兴奋劲头也完全冷却下来了，开始了更加焦急的等待。

在旅馆里又等了整整一夜，所有的人都感到沮丧和失望，因为还是没有等到带着船票回来的铁路局领班。

大家纷纷猜测，在这战事峻急、兵荒马乱的时代，那个领班估计是带着他们的路费潜逃，不知所踪。要知道，8个人的路费可是一大笔的现钱呢。

昆明去不成了，身无分文的8个年轻人顿时束手无策。大家经过商议，决定就地分别，各自去投奔在上海的亲友。

当年，徐光宪的大哥徐光宇创办的杭州清华初级中学破产后，他独自来到了上海。好在他有大学文凭，又有丰富的教学经验，因此，很快便被一所中学聘任为英文教师。徐光宪离开小旅馆，便去那所中学找大哥。

他把事情的经过告诉了大哥。他认为，只要自己能够到昆明去，铁路局的那份工作一定还在等着他。于是，他试探着，想跟大哥借笔路费，独自前往昆明。

当时，母亲还在上虞老家。老家的生活费用几乎都要靠大哥寄钱回去。大哥也有自己的小家庭，也全依赖他挣钱养家。从上海去昆明的路费，几乎相当于他大半年的工资，大哥一下子还真拿不出这么多的钱来。他是多么希望能够帮助自己的弟弟啊,但他爱莫能助。

没办法,昆明去不成,那里的工作也就泡汤了。18岁的徐光宪认为自己已经学成毕业,应该参加工作挣钱养家了,但他不想回绍兴去,因为回去也未必能找到工作,而且可能会增添家里的负担。

正在彷徨犹豫之际,大哥帮他介绍了一份工作,让他到自己在大夏大学就读时的同学罗怀开先生家去当家庭教师,每天晚上辅导罗先生正在读初中的孩子们做作业。罗怀开是上海南洋煤球厂的老板,家境比较富裕。这份工作虽没有什么工资,只有一点零用钱,但是并不是很费神,而且还包吃住。

徐光宪认为自己很幸运,因为这样一来,他就不会成为大哥的负担。于是,他欣然接受了这份工作,留在了上海。

当家庭教师是相当清闲的,只需要在晚上辅导孩子,整个白天都没有事可做。这时,徐光宪心中的那个上大学的梦想又重新浮了上来。

1939年的11月,这时,大学都已经开学了,要想上大学只能插班。当时,上海有一所大同大学,这是一所私立大学,时任校长是胡敦复先生。这所大学无需考试,只要交足学费便可入学。

徐光宪同大哥商量:"我听说大同大学可以随时插班,随到随学,我希望去那里上学。"

"要交多少学费?"大哥问。

"学费比较贵,一学期要60元。"

大哥思考了一下,同意资助他上大学。

那么，选什么专业呢？

原先，在中专时，徐光宪读的是土木科。当时选择这个专业只是为了毕业后就业容易，其实这并不是他喜爱的专业。从小父亲的耐心教育、初中时喜欢阅读的《科学的中国》杂志以及在浙江大学听过的那些有趣的科学讲座，都培养起了他对数学、物理和化学等基础学科浓厚的兴趣，而在这些学科当中，他最感兴趣的是数学。

但是，徐光宪不得不面对一个十分现实的问题，那就是将来大学毕业后找工作的问题。学数学毕业后大多只能从事教学工作，而如果学化学，则还可以到化工厂、制药厂之类的公司就业。那时候，这些工厂数量不少，需要的技术人员也不少。

权衡再三，徐光宪最终选择就读化学系。

从此，徐光宪便住在位于法租界的南洋煤球厂，白天去大同大学上课，晚上做家庭教师。在这里，他结识了两位好友：一位是后来出任水利部、水利电力部部长的钱正英；一位是后来曾任教育部副部长、北京大学副校长的黄辛白。他们俩都是土木系的学生，但由于在大同大学，一年级新生的数学、物理和化学三门都在一个班里上课，因此徐光宪就认识了他们。

大同大学位于英租界内，徐光宪每天都要坐一个多小时的电车去上学，往返很麻烦。其次，这所私立大学的学费偏高，与公办大学如国立上海交通大学(后文简称"上海交大")相比要高好几倍。上海交大一学期只需交10元钱学费，而且当时它就借用位于法租界内的震旦大学的校址办学，距离徐光宪居住的地方很近。

上海交大，是当时国内最好的一所工科大学。那时的人们认为,文、理科最好的是西南联合大学,工科最好的则是上海交大。徐光宪想,如果能够转学到上海交大,那该有多好啊。那是自己从小就梦寐以求的大学,当年堂哥就是这所大学毕业的,母亲还经常拿他做榜样来激励自己呢。

徐光宪更加用功学习,准备报考上海交大。

上海交大入学考试要求高、考题难,令很多人望而却步。物理、化学等题目之多令考生往往考后都记不清楚,大题下面设若干小题,内容涉及面极广……连考三天,个个都精疲力竭。

上海交大录取比例基本上是"十里挑一"。1940年,报考上海交大的考生有1556名,最终录取了213名,录取率不到1/7。上海交大的学生主要来自南洋模范中学、南洋中学、上海中学、扬州中学、苏州中学等江浙一带著名的中学,其他中学的学生大多不敢报考。

考生们的考试分数都不高。徐光宪一共考了8门课程,国文56分,英文38分,公民66分,数学47分,中外史地31分,物理59分,化学88分,生物35分,总分420分。这份看似并不太好的成绩却在1000多名考生中已是名列前茅的了。就这样,1940年9月,徐光宪如愿以偿地被上海交大录取为理学院化学系新生。当年上海交大化学系新生正取20名,备取4名。

徐光宪还获得了"中正奖学金",每学期可获得200元奖学金。这在当年可算是一笔巨款了。当时上海交大共有10名学生获得该奖学金,全国一共也只有28名理学院学生获得该奖学金。

美好的未来正在徐光宪的面前徐徐地展开画卷。

徐光宪后来在回忆这段往事时颇有感慨地说:"在人生的

一些重要转折点上，常有一些偶然的机遇。若不是昆明铁路局的人携款潜逃，我就不会羁留上海，也不会有上大学的机会，或许现在，我就是一个普通的铁路工程师。"

第四章

艰苦的大学生活

　　上海交大的前身是南洋公学。这是 1896 年由维新派人物盛宣怀创办的一所学校。学校的办学宗旨是"求实学，务实业"，就像校歌里唱的那样："实心实力求实学，实心实力务实业"，"光辉吾国徽，便是光辉吾校旗"。自南洋公学时开始形成的"爱民救国"的传统一直传承了下来。

　　上海交大原先位于徐汇区，校园风景优美。1937 年 11 月日军侵占上海后，进而侵占了徐家汇上海交大校舍，设立"宪兵队徐家汇分驻所"，这使得校内未及时迁出的图书、仪器、家具、设备等全部落入敌手。上海交大也不得不暂借位于法国租界内的震旦大学、中华学艺社、中华化学工业会、文华油墨厂、永固油漆厂、永利制革厂等处，在条件极其困难的情况下，继续维持教学工作。

当时上海交大共设有理学院、工学院、管理学院三个学院，其中以工科为主。那时，理学院设有数学、物理、化学三个系；工学院则有电机系、机械系、土木系；管理学院有工商管理系、铁道管理系等。理学院三个系合起来的学生总数不超过40人；而工学院的三个系，每个系的学生都有约30人。理学院、工学院六个系共有大约130名学生，在大学一年级时，数学、物理、化学、国文、英文等大课都是一起上的。管理学院单独上课，它对数学、物理、化学的要求低一些。

上海交大对自己的学生入学向来是"高门槛，严要求"。考上上海交大只是万里长征迈出的第一步，进校以后，考试便接二连三，连续不断。

新生入学举行的第一次考试，就给了大家一个下马威。如果学生能考个六十几分就很不错了，极少有人能得高分。

1943年通过的《国立交通大学考试规则》中规定："本校考试分学期考、临时考、补考、甄别考、会考五种。"学校同时规定：学生学期成绩不及格科目成绩在40分以上的，可以补考一次；补考仍不及格，必须重读。而如果不及格科目成绩不满40分的，则不能补考，必须重读。如果考试科目有30%以上不及格的，不准补考，必须留级；不及格科目在50%以上者，责令退学。因为考试多而且难，所以上海交大学生的淘汰率很高，大学一、二年级的留级率一般占10%~15%。有的班级到大学二年级时已有1/3学生被淘汰，能够顺利毕业的学生，往往只有入学时的一半。

上海交大不仅考试多，考场纪律也极严格。学校规定：每次考试，学生都必须随身携带注册证并放在桌角上，以便随时查

对。小考时,除了教师允许带的参考资料之外,学生的书本、笔记等一律没收。在考卷发出后,每次只允许一人出考场方便,如果第一个人未返回考场,第二个人就不可以出考场。而一旦有人交卷离场,其他未交卷者就不准再出考场。

学校的临时考试可根据学时、学分多少,由任课教师自行安排。理学院、工学院 6 个系都必修的物理课,当时是由理学院院长裴维裕先生亲自授课的,每学期要考三次。每次考试都分闭卷考和开卷考。开卷考可以带书、笔记本和计算尺等。每次考试分两场,安排在两个连续的星期日上午举行。开卷考试的题目全是计算题,而且四年之内不会重复,因此低年级的学生要想拿高年级考过的试卷来做准备,是没有用的,必须自己学有所得,独立思考,才能通过这个开卷考。根据《交通大学校史》记载:"本校在战时仍坚持从严训练,考试频繁进行,如物理课一学期大小考达 28 次。"

上海交大崇奉严师出高徒,对教师要求也很高。聘用的教师都是经过慎重遴选的德才兼备之士,如先后教数学的胡明复和胡敦复,教物理的周明和裴维裕,教化学的徐名材等。这些老师都能做到严于律己,为人师表。为了让教师专心教学,学校在建校初期还要求所有老师都必须住在学校,而且不得在外兼职。对于学生,则几乎采取了军事化的管理方式。

由于课业繁重,学生学习压力很大。当时在上海交大流行着这样的顺口溜:一年级配眼镜,二年级买痰盂。意思是:学生要读的书太多,要做的习题和实验太多,要准备的考试也太多,因此,往往在大一时就把眼睛看坏了;而因为战时营养缺乏,休息不足,学生体质较弱,不少学生到了大学二年级,就感染上了肺结核,这时就需要用到痰盂了。徐光宪的近视眼是在宁波高工时因为学习条件艰苦,在破庙里昏暗的煤油灯下制图造成的。到了大学四年级的时候,他也得过轻度的肺结核。后来他去美国留学时,因为牛奶便宜便大量喝奶,结果加速了病灶部位的钙化。至今,他的肺部进行放射线检查还有陈旧性病灶。

虽然大学毕业后工作并不好找,但上海交大毕业生的就业率能达到100%,这对学生们来说具有极大的诱惑力。所以,尽管上海交大的教学方式比较死板,但是为了找份好工作,多数的学生还是不惜牺牲身体,以健康换前途,拼命考到这里来上学。

按照上海交大规定,大学第一学期要进行国文会考,第二学期进行英文会考。除国文外,所有的课程均以英文教学,考题、习题、报告、实验报告等都用英文。教师也往往都是从国外学成毕业回国的学者,英文水平都很高。

尽管在求学时困难重重,但是大学四年的严格训练,为徐光宪后来的赴美留学打下了良好的基础。留学时,他上课听讲和写作业,几乎都没有遇到什么困难。尽管处于战争年代,但是上海交大对学生的要求一点儿都没有放松。这一点,令徐光宪受益终身。

大学二年级时,徐光宪选修了袁积成教授开设的"高等定性分析试验"课程。课程有一项内容是分析一个未知化学物品中所含的各种元素及其含量等级。通常,老师给的样品中都会含有四五种不同元素,而含量等级则分为large(大)、medium(中)和small(小)三个等级。

有一回,袁老师交给徐光宪一个样品让他做半微量定性分

析。徐光宪做实验向来十分认真。但这次当他将实验报告交给袁老师时,袁老师拿出一个笔记本对照了一下,只说了一个词:

"Repeat(重做)!"

徐光宪十分吃惊,因为他做实验还从来没有弄错过结果。

但是,既然老师说了让他重做,他就不能不去重做。那时候,实验室条件有限,正常的课程教学和作业实验几乎把实验室的日程排得满满的,要重做实验,只能等到星期日大家都休息时。

终于等到了星期日,徐光宪细致地重做了一遍实验,结果还是那五种元素。没有错呀! 这究竟是怎么回事呢?

可是,既然袁老师让他重做,那就肯定有差错的地方。徐光宪又仔仔细细地重做了一遍,并且认真核查每种元素的含量。结果,他发现,果然有一种元素的含量被自己弄错了:这种元素的含量应该是"large",而他却标成了"medium"。

他把实验结果重新交给了袁老师。这一次,老师什么也没说,认可了。

这次差错给了徐光宪一个终生的教训:做实验一定要非常严谨,一点儿都马虎不得,要确保不能有一丁点儿差错,哪怕是一个量级的错误也不可以有,否则,老师就会给你一个"repeat"。后来,他在指导研究生时,都要求他们在实验结果出来之后,"repeat"一遍,确认没有问题了再把结果拿出去发表。

在上海交大,普通物理被学生们视为很难学的一门课程,并被戏称为"霸王课"。别的大学,普通物理只需学一年,而在上海交大,却要学两年。当时教普通物理的裴维裕先生要求严格,因此很多学生把物理考试当作"上屠宰场",心里都很发怵。

　　裘先生的课考试很多，每次考完试都要把卷子发回，让学生们自行对照答案改错。

　　有一次开卷考试结束后，徐光宪没有拿到卷子，便去问给裘先生课程做辅导的老师。

　　辅导老师告诉他："裘先生把你的卷子留下了。"

　　原来，这次考试徐光宪获得了唯一的一个 100 分。裘先生就拿他的卷子来做标准答案，贴出来，让每位学生自己去对答案。

　　这件事一下子轰动了整个上海交大校园。不仅同年级、同班的同学因此认识了徐光宪，就连高年级的同学也都知道了他的大名，认为他是物理课的"学霸"。

　　那个学期，徐光宪的物理课的总成绩拿到了 93.5 分。这在上海交大历史上，是极其罕见的高分。1941 年 6 月，徐光宪获得了第一学年第二学期的奖学金。

　　在读中学时，徐光宪就喜欢大量地做习题，做完了霍尔和奈特主编的《代数》中所有的习题。他觉得，大量做习题对自己的学习大有帮助。在上海交大念书时，他为了学好自己喜欢的化学，也开始到处寻找习题来做。

　　很快，他发现了亚瑟·A.诺伊斯和夏丽尔主编的《化学原理》。这本书和别的书不同，全书一共有 498 道习题，不像别的书那样把习题放在各章节的最后，而是放在正文中间，是正文的一部分。全书一共才 500 多页，而其中的习题就占了一半。作者在讲述完一段一般原理之后，就有针对性地提出一些问题供读者思考，由其自己推断出一些新的定理或结论。徐光宪发现，这本书及其习题的难度与深度比一般的化学教科书都要大，它对于培养阅读者的自学能力和思维能力帮助很大。

徐光宪在一张张作业纸上,用英文工工整整地作答,认认真真地做完了《化学原理》中全部的498道习题。这些作业纸,都被他装进了一个用硬纸壳做的笔记本套里。

做完这些题目以后,徐光宪觉得自己已经把物理化学这门学科基本上弄懂了。

这些练习后来带给了他极大的好处。1948年,他在参加美国哥伦比亚大学研究院暑期试读班的化学热力学这门课程的考试时,就派上了用场。两次考试他分别得到了99分和100分,从而使他顺利地进入了哥伦比亚大学研究生院并且获得了校聘助教奖学金,解决了他的学费之虞。

后来,徐光宪获悉美国著名量子化学家莱纳斯·卡尔·鲍林(Linus Carl Pauling,1901~1994)也曾做过诺伊斯的《化学原理》中的498道习题。鲍林深有体会地说:"诺伊斯通过这些习题,引导学生自己去发现定律的技巧和严密的逻辑思维,这对我的影响很大,使我终身受益。"

现在,大学里的学生很少有做完498道习题的,一般都只做250道至300道。

2009年,在上海交大纪念建校110周年时,徐光宪把自己当年的练习本复印了一份,赠送给上海交大档案馆。他希望借此告诉后来者,做习题就是最好的自学,希望学生们都能像他当年那样,多做习题,多练习。

1943年,徐光宪开始准备毕业论文。

当时,很多学生,包括徐光宪都希望能够请化学系年轻的教授顾翼东先生做导师。顾先生当时才40岁,他于1923年毕业于东吴大学化学系,1925 年和 1935 年分别获美国芝加哥大学硕士和博士学位,在物理化学、有机化学和无机化学等方面都有很高的造诣。最终,顾先生同意做徐光宪的指导教师,这让徐光宪感到非常荣幸。他觉得,在这样一位年轻博学的导师指导下,自己一定会有很大的进步。

当时,上海交大财力相当紧张。但是就在这样环境恶劣的抗战时期,学校还是想方设法筹措资金,购置各种实验仪器和化学药品,保证学生实验之需,确保他们可以顺利地完成毕业实验。

那时候,本科生毕业论文的题目都是由导师亲自指定的。顾先生给徐光宪的毕业论文题目是:Preparation of Phthalic Anhydride by Vapor-Phase Catalytical Oxidation of Naphthalene,翻译成汉语就是:"用萘为原料以气相催化氧化法合成制备邻苯二甲酸酐"。

徐光宪从来没有做过论文,也不知道毕业论文该怎样写。于是,他就去图书馆把高年级同学的毕业论文借来看。

看过这些论文,他知道了原来一篇论文要有这样几部分:

一、引言,阐明做论文的目的;

二、文献综述,介绍前人已经做过的工作;

三、实验方法、实验设备、实验结果;

四、问题讨论;

五、参考文献。

之后,他便按照这样的思路,开始准备自己的论文。顾先生给了他题目《用萘为原料以气相催化氧化法合成制备邻苯二甲酸酐》,还把一本在 1940 年新出版的英文专著 Vapor-Phase

Catalytical Oxidation(《气相催化氧化》)借给他参考。顾先生还告诉他:这个实验难度很大,有些器械必须自己动手制作。

萘,俗称樟脑丸,它能被氧化成邻苯二甲酸酐,但必须用一个催化剂,已有的文献上说明要用五氧化二钒。顾先生要求徐光宪试验用别的催化剂,一来可以降低反应温度,二来能提高产量。

徐光宪认真阅读了相关的文献,并且列出了自己的实验设想和步骤。在征得顾先生同意之后,徐光宪便开始动手做实验。当时,上海交大的化学实验都是在借用的文华油墨厂里进行,条件十分艰苦。

从文献里,徐光宪得知的反应温度一般在260℃,通常的水浴或是油浴都达不到这个温度。他想到了水银,因为水银的沸点差不多就是这个温度。但是水银有剧毒,必须想方设法不让水银蒸汽跑出来。于是,他又想到将水银蒸汽冷凝,冷凝后就不会飘散到空气中了。

要把水银蒸汽冷凝,徐光宪想到了有机合成实验中经常用到的玻璃冷凝管。他便仿照着同样的思路,画了精细的图纸,找到一位铁匠,自己掏钱制作了一套铁的冷凝管。按照他的设想,让实验过程中产生的水银蒸汽在冷凝管中闭路循环,并在冷凝管的中心管内放置催化剂,使萘的蒸汽通过中心管,进而发生反应。

水银无处可买,只能通过学校来获取。徐光宪这才去找导师,向他汇报了自己的实验设想。顾先生十分赞赏,帮助他向学校借到了5千克的水银。

萘的原料是现成的。接下来,徐光宪便开始动手做实验,他尝试用不同的催化剂来对萘进行催化氧化,进而比较产出比率。

他首先用五氧化二钒重复前人做过的实验,结果取得了成功,数据与文献记载的相同。接下来,他在五氧化二钒的基础上,陆续添加各种不同的过渡金属氧化物。在经过一次又一次的实验之后,他发现氧化锡的产出比率最高。五氧化二钒加氧化锡,按照一定的分子比例化合就形成了钒酸锡。换言之,如果用钒酸锡来做催化剂,可以降低反应温度,最大幅度地提高产量。

试验成功了,徐光宪喜出望外。他按照毕业论文通常的格式,用英文写出了自己的毕业论文报告,交给了顾先生。

最后,他的毕业论文得到了 94 分的高分。顾先生告诉他,他带过的学生毕业论文最多得过 90 分。为了表扬徐光宪的独立工作能力——在做实验和论文的过程中,不是老去问先生,而是有困难自己想方设法解决,所以顾先生特地加了 4 分。这个分数,成为当时上海交大毕业论文最好的成绩。

受到顾先生的激励,以后徐光宪在做论文时都坚持独立思考、独立进行研究。在上海交大的训练为他后来的独立动手实验能力的养成奠定了良好基础。

经过这一次的毕业论文训练,徐光宪也总结出了做论文的基本思路:先确定论文选题;再通过查阅文献来制订论文的计划;第三步是进行实验的准备工作,掌握研究方法,并进行实验研究;最后一个步骤是分析和整理实验结果,将科学研究工作的成果整理总结写成论文。

第五章

霞光情缘

在大学期间,徐光宪在个人感情方面也有很大的进展。这就是认识了自己未来生活和工作的伴侣高小霞。

高小霞,1919 年 7 月出生在浙江省萧山县(今杭州市萧山区)一个私塾教师家庭,比徐光宪大 1 岁。和徐光宪相似,在她出生时,家里已经有了三个哥哥和三个姐姐,都是由母亲一个人抚养成人,非常辛苦。因此,家里一度想把小霞送到别人家去养。

小霞的祖母性格温和敦厚,十分慈祥。她听说要把小霞送人,站在小霞母亲的房门口,说:"把孩子抱来我看看。"

母亲把小霞递给了祖母。

小霞不哭不闹,睁着一双充满了好奇的眼睛,看着祖母,好像要跟她说话似的。

祖母一见这么乖巧的小孩,满心喜欢,便请求小霞的母亲:"这女孩长得可爱,你就看在我的面上,给她喂奶吧。"

就这样,小霞被留下了。

人们常说,女儿是妈妈的小棉袄,也是奶奶的小棉袄。祖母非常疼爱小霞。小霞和祖母特别亲近,经常依偎在祖母身边,听她讲岳飞精忠报国的典故,讲三国演义的故事。有时候,祖母会偷偷地掏出一包酥糖给小孙女吃。这些往事,都给高小霞留下了温馨的童年回忆,让她从小就懂得:做人一定要爱国,要勇敢,要当英雄。

小霞从小十分聪颖。那时候,农村的女孩子一般都不上学,小霞就在家里帮助母亲做些家务。她的父亲高云塍(chéng)那时还在家里开私塾。小霞不上学,但偶尔听哥哥们读古文或是唐诗,一下子就会背诵。有时,父亲考查,哥哥们都背不出来,而在一旁做着家务的小霞随口就背出来了。哥哥们在父亲的私塾里学习,也教小霞读书识字。二哥有时故意读得很快,没想到小霞居然都能跟得上。

二哥感到十分惊奇,忍不住夸奖她说:"我这妹子聪明,希望你将来成为我家唯一能上正规小学、中学以至大学的人。"谁能料到,十几年后,这句话竟然成为现实。

十岁时,小霞随母亲和兄嫂去镇海,家里破例决定让她上小学。

这时候,小霞虚岁已经十一岁了。大哥故意取笑她:"你是土岁上学啊。"

乍一听,她没反应过来,仔细一琢磨:可不是吗,"十一岁"合起来不就是"土岁"嘛!

那一年,小霞的一个小堂姐因为家里贫困,连做饭的米都没有。于是,婶婶便把堂姐卖到江北去给人家里做童养媳。

小霞和母亲陪着婶婶大哭了一场。母亲含泪对她说:"你若不乖,也把你卖了。"

从此,小霞便暗下决心,女孩子一定要学点本领,将来长大了才能自立,不会被人欺侮。

小霞的父亲1880年出生,是一位有名的书法家,在清朝时还考中过秀才。1930年,小霞的父亲高云塍在上海中华书局任编辑。20世纪30年代,高云塍用他手写的楷书制成活字,成立了汉文楷书印刷厂。这就是现在计算机上打印出来的楷书繁体字体。1934年之后,上海还有《云塍小楷》《云塍大楷》《云塍行楷》《高书小楷》等书陆续出版。

小霞在上小学半年之后,便随父亲来到了上海。从此,直到1948年赴美留学,她就一直生活在"十里洋场"的上海。

他们家并不宽裕,小霞是家里的小主人,常年穿着一件士林布蓝色衣服,每天奔走在学校和家之间,买菜做饭,料理家务。在路上她经常看到,街道的一面是灯红酒绿,另一面则是躺在雪地里的衣衫褴褛的乞丐。残酷的现实常常让她感到愤愤不平,对那些穷苦的人心里却充满了同情。

父女俩在上海相依为命。父亲在工作之余,经常教她写字和背诵一些古文,像《论语》《孟子》,父亲教她几遍,她虽然还不甚了解读的内容是什么意思,但却能很快地背诵下来。

因为小霞的语文基础很好,因此她在小学连跳了三级,只念了三年就毕业。

1932年,高小霞以优异的成绩考上了上海工部局女中。同学中有许多是华侨子女,家庭富裕,生活优越,衣着光鲜,平时经常上电影院看电影,每到周末就举办各种舞会。但是,小霞并不羡慕他们。她是一个平民家庭的孩子,因此十分珍惜读书的机会。她心里明白,一切都必须靠自己。那时候,工部局女中的学费相当高,她只有通过刻苦学习,每年以优异的成绩获取奖学金,才能维持自己的学业。

女中杨校长对高小霞这位勤奋好学的女孩留下了深刻的印象。初中毕业时,小霞本来打算报考免费的苏州女子师范,杨校长知道后,立即找到小霞,详细询问原因。当得知小霞是因为考虑学费昂贵而决定放弃上高中后,校长毅然决定,给予小霞高中三年的奖学金。

高小霞 18 岁时工部局女中毕业照

这样,小霞便留下来了,免费读完了高中。

1938 年,小霞以全校第一名的成绩高中毕业,考取了国立西南联合大学生物系。

当时正值全面抗战时期,要想去位于昆明的西南联大上学,必须从上海先坐船到越南的海防,这就需要一大笔的路费。

那时,小霞的哥哥、姐姐都去了重庆。父亲所在的中华书局也在缩减业务,父亲面临失业的危险,根本拿不出钱给她做路费。

女中的杨校长看到自己钟爱的学生因为没钱无法去上

大学,心里十分惋惜。她呼吁老师们一起捐款,为小霞筹足了路费。

拿着钱小霞兴冲冲地跑回家,告诉父亲,老师们已经帮她筹足了路费。

身体衰弱的父亲听到这个消息却黯然神伤。

人年纪大了,往往更加依恋亲人。高云腾的身边只有小霞这么一个孩子了,他很不舍,也很伤心,流着眼泪对女儿说了一句话:

"你忍心抛下我们一个人去吗?"

这句话极大地触动了才刚刚成年的小霞。她思考了一夜,哭了一夜。

如果自己走了,留下父亲和继母实在太孤单了!作为女儿,她实在于心不忍。

第二天早上,她把钱退还给了各位老师,毅然决定放弃上大学的宝贵机会。

杨校长万分惋惜地注视着小霞,这可是她亲眼看着成长起来的一棵好苗呀!

当知道小霞是为了留下来陪伴孤单的父亲,杨校长释然了。是啊,百善孝为先嘛,人若不知孝,禽兽都不如,教育的最终目的就是要教会学生做人。

深受感动的杨校长提出,请小霞这位优秀的毕业生回女中来当教师,给学生们改改作文什么的。

就这样,小霞毕业后,当了两年的教员。暑期时在学生补习班上上课,挣一份微薄的薪水。但是,她并没有放弃心中的大学梦。

1940 年，高小霞终于顺利地考上了上海交大。

姻缘有时真是很难说。似乎，生命中的那个人总会阴差阳错地出现在生命的某个路口，等着你，早晚一定会等到你。

在这里，她遇到了同样聪明好学的徐光宪。她要是去了西南联大，或者徐光宪要是不从大同大学转学过来，他们或许都不会相遇。然而，没有早一步，也没有晚一步，他们就这样遇上了。正如后来徐光宪自己说的那样："我们相识，后来又成为一家人，是非常偶然的机遇，是缘分。"

爱情和婚姻这件事，有时真的充满玄机，很难解释，于是我们只能用"缘分"来解释。

不幸的是，就在这一年的夏天，高小霞 60 岁的父亲去世了。从此，她同徐光宪一样，坚持半工半读，和继母相依为命。

每天，她都奔波于学校与住处之间，始终穿着士林布蓝色衣服。为了省钱，中午随便在路边买根烤红薯吃了就当是午饭，下午再去做实验，晚上则要赶到有钱人家里去给他们的孩子做家庭教师。也只有晚上，她才能在学生家里吃到一顿好一点的饭菜。

在读大学期间，高小霞也曾想过放弃，但是工作并不那么好找。

有些年纪大点的亲友劝她，一个女孩家早点嫁人算了。但是，高小霞却不肯放弃，一直坚持边做家教边读书，读完了大学四年。

在大学里，徐光宪和高小霞是同班同学。那时候，学生们的座位是固定的。化学系的女生很少，都被安排坐在教室的第一排，后面的男生则按照入学分数的高低顺序排列。这样，徐光宪正好就在第二排,坐在小霞的后面。

当时学生都是走读,放学后各自回家,因此彼此之间来往很少,也不熟悉。和徐光宪同班的梁光甫与高一年级的女同学汪华芳正好住在同一条弄堂里,两人经常碰面,来往多,慢慢地就成了好朋友。

梁光甫和汪华芳为了给别的同学创造交往的机会,成立了一个学生社团——南洋化工社,吸纳喜爱化学的同学参加。徐光宪、高小霞和其他二三十位同学都报名参加了。

他们租借了一处闲置的厂房,运用在化学课上学到的知识,用一些简单的原料,自己制造酱油、墨水和雪花膏等,再卖给学校的同学,挣的钱就拿来作为活动经费。

因为制造酱油需要安排人周末值班。于是,担任社长的梁光甫便把男女同学两两搭配,分别被分在一个组一起值班。南洋化工社的社员梁光甫和汪华芳,许铎和汪敏熙,徐光宪和高小霞就分别组成了一个个对子,并因此互相认识成为朋友。后来,这些男女组合都结成了夫妻,同学们便戏称他们是"酱油夫妻"。

那时候,南洋化工社还出版有自己的手抄本社刊。高小霞语文很好,曾在上面发表过一篇《在大学中》的文章,给徐光宪留下了深刻印象。而徐光宪那一次因为物理开卷考试得了100分,轰动了全系,也让高小霞对他刮目相看。

两人的家乡相距很近,几乎可算是同乡,这也在无形中拉近了两人的距离。平时,徐光宪经常到高小霞住的地方聊天。高小霞的英文和语文水平很高,而徐光宪的数理化成绩优异,两人相互切磋,取长补短,每次都聊得很投机。徐光宪喜欢听高小

1943 年南洋化工社部分成员合影（前排右二为徐光宪）

霞给他讲莎士比亚的剧本和狄更斯、大仲马、小仲马父子等大文豪的小说，喜欢听她用英语背诵大段大段的对白和名句，每回都听得很入神，天很晚了还舍不得回家。

高小霞的英语水平比徐光宪高多了。徐光宪觉得，和她在一起，自己的英语水平也得到了很好的锻炼和提高。

随着交往的日渐增多，两人的关系也越来越亲密。

但是情感方面的话有时并不便于说出口。于是，从 1944 年开始，两人便开始互通书信。有些不便用中文说的话，就用英文来表达。

徐光宪向高小霞表达了自己的感情。高小霞感到很高兴。在与徐光宪几年的交往过程中，她感觉他为人坦诚、实在。在给徐光宪的回信中，高小霞说，她曾经告诉自己的同学，很欣赏他的才华；同时又打趣他，说他做的打油论文，相信导师顾先生会

给他一个 A⁺。

他们两个人都是穷学生,平时徐光宪穿的几乎都是一件咖啡色的长衫,而高小霞穿的则是普通的阴丹士林布的旗袍。

因为年龄不小了,不断地有人要给高小霞介绍对象。高小霞大哥要给她介绍一位年纪比她大的大学文科毕业的男士。算命的人则告诉高小霞,她将来会嫁给一个年长于她的非学术圈的人,比如政治家。

为了摆脱这些烦恼,高小霞特地写信给徐光宪,说:"Why he not said, I shall marry a chemist whom I adore?(为什么他没说,我将来会嫁给一位我钦慕的化学家呢?)"又接着写道:"For me you are everything in the world. Everything in the world, the life, the honor, the happiness and the career.(对我来说,你是世界的一切,生命、荣耀、幸福和事业。)"

这些表白,深深地感动了徐光宪。

高小霞因为看了太多莎士比亚写的悲剧故事,有所感触。有一次,她对徐光宪说:"我们将来也许也会是一个故事。"

可徐光宪回答:"我们如果结婚,将永远相伴终身,不会成为故事。"

1944 年 7 月,徐光宪和高小霞一起从上海交大毕业,双双获得了理学学士。毕业后,两人又一道去上海宝华化工厂工作。这家私营工厂的老板,就是徐光宪当年为其当过家庭教师的那位南洋煤球厂老板。这家工厂主要生产一种主治各种细菌性感染疾病、叫作"磺胺噻唑"的药品(在青霉素广泛应用之后,这种对人体副作用较大的药品即被淘汰)。徐光宪和高小霞两个人的工作虽然很普通,但好在有了稳定的收入。

　　然而,好景不长。不到一年时间,太平洋战争爆发了,1945年,上海法租界和英租界都被日本军队占领了。上海电力供应也因此受到很大限制,宝华化工厂不得不关门。

　　这时候,徐光宪和高小霞还没有结婚,但是已经确定恋爱关系。两个人都对未来感到迷茫。没有国哪来家?兵荒马乱的岁月,谋生尚且不易,更何谈婚姻与家庭?

　　徐光宪和高小霞最终商议决定:高小霞跟徐光宪的大哥大嫂一道,去内地投靠高小霞的哥哥姐姐。如果一路上交通顺利,工作又能有着落,徐光宪就去内地找他们。

　　就这样,高小霞和徐光宪一家一路辗转着向内地迁移。正当他们走到安徽屯溪的时候,仿佛在突然之间,抗战就胜利了。于是,高小霞便留了下来,由同学推荐,到安徽孔灵农业中学去当化学老师。

　　半年之后,也就是1946年1月底,高小霞回到萧山老家。与继母过完春节后,她就离家来到了上海。

　　与此同时,徐光宪因为大学毕业时成绩名列第一,经他在宁波高工时的董老师,也是同学董庆清的父亲推荐,回到上海交大,做了助教。他这才第一次来到了位于徐家汇的安静、美丽的上海交大校园。

　　1946年4月18日,徐光宪和高小霞在上海国际饭店举行婚礼,上海交通大学理学院院长裘维裕教授亲自为自己的这对得意门生证婚。

　　这年9月,经大哥高越天和上海交大老师张怀义推荐,高小霞进入了刚由昆明搬回上海的中央研究院化学研究所,先后担任分析化学家梁树权先生和物理化学家吴征铠先生的助理员，从事分析化学方面的工作，一直到 1949 年 1 月赴美留学为止。这段经历奠定了高小霞后来的科研方向。

国民政府的中央研究院是当时国家的最高科研机构，高小霞的大哥因此取笑她说："你苦苦追求上大学，现在好了，进入'翰林院'了，该满足了吧！"

徐光宪与高小霞的结婚照

那时，化学研究所的所长吴学周坚持每周给大家讲一次课，徐光宪也从上海交大赶过来听他讲量子化学等方面的内容。这些课程，对于帮助徐光宪后来确立自己的研究方向和发展道路起到了很大的作用。

56

第六章

留学深造

　　机遇总是光顾有准备的人。徐光宪和高小霞就是这样一对有理想、有追求也能抓住机遇的夫妻。

　　1946 年 7 月，国民政府教育部将要举行一次公派出国留学的全国考试。这已是政府第二次举行这样的选拔考试。

　　徐光宪得知这一消息，赶紧回家和新婚妻子商量：

　　"我们也去参加这次考试吧！在上海交大，所有的教授都是留学回来的，国内毕业的只能当到讲师、副教授。"

　　"是啊，要当教授，就必须有国外的学位。这是一次很难得的好机会，咱们俩都去考试吧。考上了，咱们就出国留学。"

　　"美国的科学研究水平比我们先进多了。我们都争取去美国留学吧。"徐光宪说。

　　"好。这也正是我所想的。"高小霞回答。

两个年轻人踌躇满志,对未来充满了憧憬。

那个年代,抗战刚刚胜利不久,知识分子们一个个都摩拳擦掌,希望学有所成,报效百废待兴的祖国。因此,全国参加出国留学选拔考试的有四五千人。

考题是由西南联大的黄子卿先生命题的,与徐光宪他们在上海交大学的内容不大一样。

这次选拔,一共要录取公费生 100 余名,自费公派生 1000 余名。

1947 年初,考试结果揭晓。上海交大有 18 名学生考取了公费生,其中包括后来第一位获得国家最高科学技术奖的数学家、从上海交大数学系毕业赴法留学的吴文俊先生。徐光宪和高小霞都考取了自费公派生。

所谓的自费公派生,指的是国家可以十分之一的价格卖给学生的留学所需外汇,也就是个人只需花 180 美元,就能买到 1800 美元的外汇。这 1800 美元足够一名学生在美国生活一年半的支出费用。

然而,刚刚结婚和工作不久的徐光宪夫妇俩,就连这 180 美元也拿不出来。徐光宪向自己的三姐借了 10 两黄金,兑换成了 350 美元。

他用 180 美元购买了国家优惠售给的外汇,剩下了 170 美元。而当时从上海到美国一张三等舱的船票就需要 140 美元。

这点钱显然不够夫妻两个人同时出国所需。通情达理的高小霞对徐光宪说:

"你先出去留学吧。你在交大教书,将来要想当教授必须要有国外的学位。等我们攒够了钱我再出去。"

"那就委屈你了！等我在那边安顿下来后,再设法让你也出国去留学。"徐光宪说。

他心里哪里舍得把妻子一个人留在国内呀？可是,家境贫寒,钱的问题真的把他们给难住了。他心想,自己出国后一定要好好学习,不辜负妻子对自己的信任和一片深情。

经历过连年的战争,当时中国的经济已经破产。举国上下,物价飞涨,民不聊生。一担大米竟然卖到了一百万元。1947年的上海,入冬以后天气出奇地严寒,在路边经常能看到冻死饿死的人。上海各界还因此发起了募捐寒衣活动。

分别的日子很快就到了。

1947年12月22日,高小霞和表哥贾雨琴送徐光宪到上海码头。

码头上冷冷清清。

人生最大的悲哀,莫大于生离死别。然而,当时的国家经济凋敝、物资奇缺,黎民百姓生存维艰。在这样的年代中,每个有责任感的知识分子都满怀忧国忧民之情,心情十分沉重。徐光宪正是怀着这样的心情,搭乘美国总统轮船公司的"戈登将军号"轮船,跨越茫茫太平洋,只身前往美国。

夫妻俩似有无尽的话语,却只化作了一场无语凝噎。

两人在码头上依依惜别,相约将来。

望着越来越远、逐渐模糊了的上海,徐光宪的心中涌起了无限的悲凉:

再见了,我亲爱的妻子!

再见了,我深处苦难之中的祖国!

徐光宪在心底暗暗发誓,此番西去,务必学有所成,学得真本事;他日归国,定要报效我国家,报答我爱人!

经过十几天的海上航行,1948 年 1 月 7 日, 戈登将军号轮船顺利抵达旧金山。

徐光宪下船后,没有亲友,也没有同学前去迎接。

踏上了异国他乡的土地,徐光宪并不惊慌。他坐上了巴士,径直前往位于密苏里州圣路易斯市的华盛顿大学研究生院化工系报到。

华盛顿大学全称"圣路易斯华盛顿大学",以美国国父、首任总统乔治·华盛顿的名字命名,始建于 1853 年。这是一所私立大学,学校历史悠久,但其教学水平并非美国一流,在美国大学的排名中进入不了前十。

在研究生院的同一个班级里,包括徐光宪在内一共有三名中国学生。刚刚经历过漫长的抗日战争,从战争中走出来的中国学子,尤其发愤用功,刻苦攻读,因此一学期下来,他们的成绩总是稳稳地占据全班的前三名,而徐光宪所选的四门功课都被评为 A,学习成绩总是名列第一。全

徐光宪(左)在华盛顿大学时与同学董庆清合影

班同学都十分羡慕他们。

指导徐光宪他们三个中国留学生的是一位华人助理教授。在美国,助理教授级别低于副教授,但高于一般的讲师,可以指导博士研究生。助理教授的经费相当有限,因此没法给学生奖学金。一学期下来,徐光宪携带的1800美元已经花掉了近一半。

这可怎么办呢?读完研究生,起码还需要一年时间。家里还有妻子小霞在翘首企盼着也能出国留学呢!

徐光宪面临着辍学的危险。钱再一次成了他巨大的困扰。

苦心人,天不负。山穷水尽,柳暗花明。正当徐光宪一筹莫展的时候,已在华盛顿大学学习了两年的中国留学生王瑞駪(shēn)告诉了他一个好消息。

王瑞駪原来是西南联大化学系的学生。1946年春,国民政府派遣西南联大从事数理化研究的三位著名教授曾昭抡、吴大猷和华罗庚,分别带1~2名助手到美国去考察原子能技术。华罗庚带着数学系的孙本旺,吴大猷带着物理系的学生朱光亚和李政道,曾昭抡带的则是化学系的唐敖庆和王瑞駪。这五名学生都是西南联大的尖子生,其中的李政道当时还是物理系三年级的学生。

那时候,原子能技术在美国是尖端的核心技术,其重要的科研机构不许中国人进入,因此,这些中国师生大多去了大学。唐敖庆去了哥伦比亚大学,王瑞駪则来到了华盛顿大学化学系。两年后,徐光宪来到这里后,自然就结识了这位学长。

因为西南联大的同学唐敖庆在哥伦比亚大学,因此王瑞駪知道哥大有比较高的奖学金,而要进入哥大就读,有一种特殊的途径。

　　王瑞骁告诉徐光宪:哥伦比亚大学每个暑假都办有一个暑期班。暑期比较长,有两个月,差不多相当于一个小学期。在这个暑期班里,学生可以先选修两门功课,如果成绩优异,名列全班学生的前10%以内的名单的话,就可以留在哥大继续攻读研究生;而如果成绩能够进入前3%的话,就可以获得奖学金。实际上,这是哥大招收研究生的一种比较高明的做法。因为通过两个月的学习,教师可以比较全面地了解学生的学业状况,择优录取。

　　真是天无绝人之路啊!听到这个消息,徐光宪特别兴奋,顿时有一种"山重水复疑无路,柳暗花明又一村"的感觉。他详尽地了解了哥大暑期班的情况后,当即就报了名。

　　参加哥大暑期班的学生一共有80多名。徐光宪选修了偏微分方程和化学热力学这两门课程。因为他在上海交大时做过诺伊斯《化学原理》一书中的全部498道习题,这为他学习化学热力学打下了很好的基础,所以,在哥大暑期班化学热力学先后举行的两次考试中,他分别获得了99分和100分,名列全班之首。偏微分方程他也获得了一个A的成绩,任课的查尔斯·欧·贝克曼教授对他大加赞赏。

　　贝克曼教授十分爱才。他极力推荐徐光宪留在哥大研究生院学习,称他是班上最拔尖的学生。

　　根据美国大学的研究生入学规定,学生入学,必须由原先学校的导师推荐。徐光宪到华盛顿大学就读,拿的是原先所就读的上海交大的刘承霖教授的推荐信。现在,他要转学到哥伦比亚大学,就需要华盛顿大学那位华人导师的推荐信。

　　因为在华盛顿大学拿不到奖学金,原先跟着那位华人助理教授的三名中国学生也都相继打算离开他到别的大学去学习。或许是舍不得放走徐光宪这样优秀的学生，也可能是觉得这样优秀的学生走掉了，自己很没面子，于是，那位华人助理教授就给徐光宪写了一封评价很差的推荐信。

一般情况下，大学要是接到这样的推荐信，就会放弃录取这名学生。但是，善良又爱才的贝克曼教授实在舍不得放弃徐光宪这名成绩第一的学生，于是，他私下向自己在华盛顿大学的教授朋友了解了徐光宪的情况，结果获知这名学生一直都表现出色，品学兼优，学习成绩始终都是全班第一名。那名华人导师之所以写出那样不好的推荐信，或许是因为和徐光宪之间相互存在着什么矛盾或意见。

根据这样的回复，哥大便决定录取徐光宪，而且因为他的成绩特别优异，决定授予他大学助教奖学金。

在哥大，助教分为大学助教（校级助教）和系助教（系级助教）。大学助教每年有 1800 美元奖学金，系助教只有 1200 美元。而当时，哥大一年的学费只需要 600 美元。因此，1800 美元已是一笔巨款。徐光宪的生活问题解决了，手头变得宽裕了。

哥伦比亚大学位于美国纽约市曼哈顿，是 1754 年根据英国国王乔治二世颁布的《国王宪章》而成立的，属于私立的常春藤盟校，是全世界最负盛名的大学之一。在哥伦比亚大学的校友和教授中诞生过数十位诺贝尔奖获得者，产生过美国第 26 任总统西奥多·罗斯福、第 32 任总统富兰克林·德·罗斯福和现任总统奥巴马三位总统。当徐光宪入学时，校长是怀特·艾森豪威尔。艾森豪威尔在第二次世界大战中曾被授予元帅军衔，根据美国法律，军人不能竞选总统，于是，趁着哥大原校长年老退休,艾森豪威尔便到哥大当校长。在美国,大学校长的地位很高,可以参加总统竞选。所以,后来艾森豪威尔成功当选为美国第34任总统,并连任三届。

因为哥大巨大的影响力,中国有许多优秀的学子纷纷投奔到这所高校。著名的教育家陶行知、蒋梦麟、马寅初,社会学家潘光旦、吴文藻,哲学家冯友兰、胡适,文学家闻一多、梁实秋,经济学家陈岱孙,科学家侯德榜、李汝祺、戴安邦、李政道、吴健雄、唐敖庆等,都曾在哥伦比亚大学就读。

哥大十分重视通才教育,强调基础研究,注重实践,是一所研究型大学。它的毕业生社会适应能力很强,很容易就业。能够进入这样一所杰出的高校学习,徐光宪感到很自豪。

有了比较可观的助教奖学金以后,徐光宪开始考虑让妻子高小霞也到美国来留学。他写信告诉高小霞自己的打算。

高小霞这时正在中央研究院化学所吴征铠先生的手下做助理研究员,学到了很多知识,心里舍不得放弃这份很好的工作。

高小霞把心里的困惑告诉了吴先生。在两年多的时间里,相继在梁树权和自己手下工作的高小霞,表现非常出色,是一个十分得力的助手,吴征铠心里虽然很舍不得,但他还是诚恳地劝高小霞出国深造。他相信,将来高小霞一定会更有出息。化学所所长吴学周教授还专门为高小霞写了一封热情的推荐信,推荐她到纽约大学就读,并且殷切叮嘱她早日学成回国。

根据美国的规定,有了推荐信,留学生赴美签证还需要有1800美元的资金担保。那时,以十分之一的价格购买官方外汇的政策已经废除,徐光宪手头也没有现钱。他就向同学杨绯借了 1100 美元,又向同在化学系的师兄唐敖庆借了 700 美元,以高小霞的名义存入美国银行,拿到了银行的担保证明。等高小霞来到美国后,他再把这些钱取出来还给了唐敖庆和杨绯。

高小霞顺利地办好了赴美签证,告别了亲友,踏上了前往美国的轮船。

1949 年 1 月,一个晴朗的日子里,徐光宪早早地来到了纽约地铁的蓬车站,等候着自己日思夜想的妻子。

他在站台上不停地走来走去,翘首企盼,东张西望。

终于,一个娇小的身影出现了。

那,正是自己亲爱的妻子小霞!

两人幸福地拥抱在了一起,久久不愿分开。

在美国留学,生活并不容易。徐光宪和唐敖庆等四位同学合租了纽约 122 号大街上的一处叫作"日落"的公寓。这个公寓有四间卧室。徐光宪和高小霞住一间,唐敖庆一间,另外还有两位同学,也是每人一间卧室。这个公寓住着的四家人,共用一个厕所、一个厨房。大家轮流做饭,吃饭都在一起吃。

高小霞在纽约大学研究生院学习电分析化学和微量分析专业,导师是被誉为"美国微量化学之父"的安顿·亚历山大·本尼提·皮克勒教授。为了贴补生活用度,高小霞周末就到一家华侨裁缝店去做熨衣工。

因为原先在中央研究院时,小霞从事的就是化学分析工作,因此到了纽约大学以后,她的特长便逐渐地发挥了出来,学习和实验都非常出色,受到了皮克勒教授特别的赏识。半年后,他推荐高小霞进入了同样位于纽约市的康奈尔大学医学院的生物化学实验室,担任一名分析技术员,从事元素分析和同位

徐光宪在哥伦比亚大学时期与同学们的合影（坐者右一为徐光宪，右二为高小霞）

素分析工作，每个月可以有 200 多美元的收入，这可比她当熨衣工挣得多多了。

从此，高小霞和在上海交大时一样，开始了半工半读的留学生活。每天下午去康奈尔大学做化学分析，晚上到纽约大学上课。

每天夜晚，徐光宪都在家里等着妻子回来。他经常给高小霞打气，鼓励她坚持求学，将来一起学成回去报效祖国。

在哥伦比亚大学求学期间，徐光宪非常刻苦。担任助教工作，每星期都要花两天时间帮助教授，辅导哥大的本科生做实验、批改作业，也特别费时。但是，他丝毫没有因此耽误自己的学习和研究。每次听课，都工工整整地做笔记。至今他还保留着当年的几大厚本课堂笔记。笔记为 16 开本，封面用的是墨绿色硬纸板，内文有 200 多页，上面记满了学习的内容。

新中国成立后,在北京大学教书期间,徐光宪就经常要求学生多做习题。有一次快下课时,他把作业抄在黑板上,有一个叫欧阳辉的学生不满地大声叫嚷:"怎么布置这么多的作业!"他以为只要认真听课,上课就不用做笔记,下课更不用做作业。

当欧阳辉叫嚷的时候,全班同学都惊讶地盯着他,徐光宪却不慌不忙地对他说:"你周末到我家去一次。"

去老师家里,肯定免不了要挨一顿批评!欧阳辉和所有的同学都这样认为。

当欧阳辉从徐老师家里回来后,满脸的严肃。

同学们纷纷围上来打听:"怎么样,挨骂了吧?"

欧阳辉回答:"我真正被震撼了!这次可被老爷子耍了!"

那个周末,当欧阳辉忐忑不安地来到徐老师家里,徐老师没有批评他,而是让他看自己的结婚照,给他看自己做过的那498道诺伊斯《化学原理》习题的笔记本和在哥伦比亚大学就读时记录的几大本厚厚的笔记。这些用英文写就的笔记,笔迹全都工工整整,一丝不苟。

欧阳辉被深深地震撼了!原来,徐老师当年就是如此刻苦用功过来的,难怪他能取得那么大的成就,成为北大一名年轻的教授!

从那以后,欧阳辉和别的同学一样,每堂课都开始认认真真地做笔记,工工整整地写作业。

毕业后,欧阳辉赴美留学,后来被美国一所大学聘为教授。

在哥伦比亚大学就读半年以后,1949 年 2 月,徐光宪受到贝克曼教授的鼎力推荐,加入了美国 Phi Lamda Upsilon(Φλ)荣誉化学会,成为其会员,获颁会员证和一枚象征着可以打开科学之门的金钥匙。这年 9 月,徐光宪获得了哥伦比亚大学理学硕士学位。

1950 年 10 月,他又当选为美国 Sigma Xi($\sum$Xi)荣誉科学会会员,又获得了一枚金钥匙。

在美国,以希腊字母来命名荣誉学会的制度已经有一两百年的历史。这些荣誉学会在美国各所著名大学和国家实验室都设有分会,基本上可谓是大学里的精英组织。通常,一个系的主任和著名教授都是荣誉学会会员。当一个会员调到另一所大学,他可以像转组织关系一样,将自己的会员身份也转到新的大学去,加入该大学同一荣誉学会的分会。成为荣誉学会会员,拥有了金钥匙,在美国找工作就非常方便。拥有金钥匙,别人就知道你是学术方面的精英。

接受了金钥匙以后,徐光宪也曾参加过荣誉学会的活动,但是由于他不擅交际,又不会跳舞,所以后来就没再参加过。

在"文化大革命"中,著名科学家、曾任北大校长的周培源先生被抄家,红卫兵从他的家里搜出了一枚金钥匙,硬说他是美国的特务——这把金钥匙就是特务的记号。徐光宪怕万一自己也被抄家,查出金钥匙也被怀疑是特务,于是一天晚上,趁着夜深人静,他偷偷地把这两枚象征荣誉的金钥匙扔进了北大的未名湖里。

或许,哪天人们在清理未名湖湖底淤泥的时候,还能找到这两枚金钥匙呢。

经华盛顿大学的同学王瑞駪的介绍,徐光宪结识了后来成为著名化学家的唐敖庆。他一到哥伦比亚大学就找到唐敖庆,后来还和他住在一个公寓里。徐光宪一直认为,认识唐敖庆,是他一生中又一个很大的机遇，因为唐敖庆给了他终生的影响和太多的帮助。

唐敖庆是江苏宜兴人，1915年出生，比徐光宪大5岁，毕业于西南联合大学。他于1946年来到哥伦比亚大学求学。

唐敖庆是一位数学奇才。少年时因为在昏暗的煤油灯下苦读而造成了高度近视2000度。他上课从来不记笔记，因为他的大脑像台计算机，所有的数学推理、公式定理都能牢记在脑里，需要时就能随时写出来。每次考试，他总是得满分或者全班第一名，因此，到哥大半年后他就获得了"大学奖学金"——全校几千名学生一共只有8个名额，化学系200多个学生只有他一个获得。因此，无论是中国的同学，还是美国的同学，都十分佩服他，认为他是学校最优秀的学生。1949年11月，他以优异的成绩获得博士学位，谢绝了导师的再三挽留，毅然回到了祖国。1950年初，他正式到北京大学化学系任教。

在哥大时，因为和唐敖庆住在一起，所以徐光宪同他很熟。唐敖庆的威望很高，有许多同学，经常到他的房间里来喝茶聊天，因此他的房间又有个雅号，叫"唐氏茶馆"。

唐敖庆在西南联合大学时的导师是著名的化学家曾昭抡先生。曾先生与闻一多、李公朴一样，是民盟的发起会员。他反对蒋介石不抗日、搞内战的政策。唐敖庆被曾老师推荐到哥大学习后，始终与他保持着书信往来，受曾老师影响很大，政治倾向上偏向中国共产党。

那时候，哥大的中国留学生实际上分成了两派。一派倾向于国民党，一派倾向于共产党。哥大有一个"中国学生俱乐部"，是由国民党扶持的学生组织的，主席是一个姓李的学生。与之针锋相对的，是唐敖庆和徐光宪他们发起成立的"新文化学会"，主要发扬光大毛泽东提出的建设新民主主义文化的理论。学会有近20个成员，大家经常聚在一起，讨论国内的政治局势。

徐光宪和高小霞夫妇经常在哥大校门外一条偏僻的街道上一个波多黎各人开的杂货店里买面包，顺便买一些报纸。报摊上面放的是英文报纸，中文报纸往往压在最下面，其中就有进步的中文报纸《华侨日报》。

这份报纸的主编唐明照是一名美国共产党员，也是中国共产党的地下党员。这张报纸经常转载来自中国的最新消息，许多留学生都是口耳相传，争相传阅，通过它来了解国内的新闻。

后来，唐敖庆又发起成立了哥伦比亚大学"中国同学会"，自任会长，徐光宪任常务理事。中国同学会和新文化学会、留美科学工作者协会等进步社团的成员经常在一起开展活动。

1949年10月，新中国成立的消息传来，同学们都非常激动，纷纷奔走相告，拍手相庆。大家不约而同地希望举行一次集体庆祝活动。他们以某位同学要结婚举办婚礼为由，租借了河畔教堂旁边的国际学生公寓的一个地下健身房，将其设为临时会场。会场被布置得庄重典雅，数十名学生聚集在一起，庆祝中华人民共和国成立。

没有国旗，他们就照着报纸上刊载的、由新华社发布的五星红旗的图样，自己买来了红布、黄布，由高小霞等几位女生裁剪出五角星的图案，再一针一线地缝起来。虽然女生们的针线活并不熟练，但是这面五星红旗还是很像模像样的。大家就围着这面五星红旗，兴奋地载歌载舞。

同学们还请来了《华侨日报》的主编唐明照先生来做报告，

介绍国内形势。

整个欢庆聚会开得简朴而又不失庄重和热烈，同学们都受到了深深的感染。

大会还联合签名，向设在纽约的联合国总部发出通电，要求驱逐国民党政府的代表，向新中国发出派遣代表的邀请。

同学们余兴未减。大家又来到了纽约中央公园的草地上，举行了一场简单而群情激昂的野餐会。大家一起举起了酒杯：

"为新中国干杯！"

"祝愿祖国繁荣昌盛！"

然后，徐光宪、高小霞和同学们席地而坐，一边吃着自己带来的食品，一边兴奋地谈论着新中国无可限量的未来，畅想着将来学成回国的美好情景。大家紧紧地围坐在一起，还别出心裁地在地上竖起了一块木牌，上面写着"胜利酒家"，以示庆祝。带相机的同学把这幅珍贵的场景拍摄了下来，成为徐光宪他们

徐光宪和同学们在纽约中央公园庆祝新中国成立

终生难忘的记忆。

之后,同学们依然通过各种渠道,竭力了解新中国正在发生的翻天覆地的巨大变化。

1950年,当解放军解放海南岛的时候,哥大中国同学会和留美科学工作者协会等还发起了"一元钱劳军"活动,就是由留美学生每人捐出一元钱来慰劳解放军。虽然一元钱只是很小的数目,但是它却代表着留学生们的政治态度和思想倾向。

当时,全美一共有一千多人参加,筹集到的一千多元钱被寄给了香港大学的曹日昌教授,由他转交给了解放军方面。

通过这些活动,徐光宪和高小霞他们增进了对新中国的了解和认识,也为他们后来坚决回国奠定了扎实的思想基础。

1949年9月,徐光宪硕士毕业后,师从一直都特别欣赏他的贝克曼教授读博士,研究量子化学。贝克曼教授给他的研究题目是"旋光理论的邻近作用"。

量子化学是理论化学的一个分支,是应用量子力学的基本原理和方法研究化学问题的一门基础科学。1927年,法国物理学家瓦尔特·海特勒和弗里茨·伦敦用量子力学基本原理讨论氢分子结构问题,说明了两个氢原子能够结合成一个稳定的氢分子的原因,并且利用相当近似的计算方法,算出其结合能。由此,使人们认识到可以用量子力学原理讨论分子结构问题,从而逐渐形成了量子化学这一分支学科。量子化学的研究范围包括:稳定和不稳定分子的结构、性能及其结构与性能之间的关系;分子与分子之间的相互作用;分子与分子之间的相互碰撞和相互反应等问题。量子化学在建筑材料、金属合金材料等方面都有广泛的应用。

在光的传播方向上，光矢量只沿一个固定的方向振动，这种光称为平面偏振光，由于光矢量端点的轨迹为一条直线，因此又叫作线偏振光。光矢量的方向和光的传播方向所构成的平面称为振动面。科学家们通过实验发现，当线偏振光通过某些物质时，其振动面将以光的传播方向为轴发生旋转，这就是旋光现象。这些物质所具有的这种性质称为旋光效应或旋光性。

1860 年，研究者发现分子的不对称性是它具有旋光活性的必要条件。我们吃的药物对光有左旋、右旋之分，是对应于一个分子的两个同分异构体，即分子式相同但构造不同，就像一个是右手、另一个是左手一样。偏振光旋转的角度称为旋光度，科学家通常用钠元素的 D 线来测定旋光度。旋光度的精细测量需要用不同波长的光，将旋光度对波长绘成旋光色散曲线而获得，而旋光理论就是要从理论上计算出旋光色散曲线。这一理论由比利时的物理学家 L.罗森菲尔德首先提出，但理论计算的结果与实验是否相吻合却还没有得到验证。贝克曼教授给徐光宪的课题——"旋光理论的邻近作用"，即试图用罗森菲尔德方程来计算旋光色散曲线，研究不同的化学键，如碳—碳键、碳—氢键、碳—氧键等对发光中心的微扰，解释这种微扰如何使分子具有旋光活性的作用机制，并将计算值与实验值进行比较。

徐光宪打算接下导师交给他的这个博士论文题目。

这时，有位高年级的同学好心地告诉徐光宪一个意外的消息：在他之前，已经有一位美国的女研究生接过这项课题，但最终失败了。

那位女研究生用不同化学键的偶极矩来计算。化学键指的是纯物质通常以分子内或晶体内相邻两个或多个原子（或离子)间强烈的相互作用力。相同或不同的原子之所以能够组成稳定的分子,是因为原子之间存在着强烈的相互作用力。偶极矩(μ)是指正、负电荷中心之间的距离 r 和电荷中心所带电量 q 的乘积,亦即:$\mu = r \times q$。偶极矩是一个矢量,方向规定为从正电中心指向负电中心,偶极矩的单位是德拜(D)。根据讨论的对象不同,偶极矩可以是键偶极矩,也可以是分子偶极矩。分子偶极矩可由键偶极矩经矢量加法后得到。实验测得的偶极矩可以用来判断分子的空间构型。那位美国女研究生花费了两年的时间,反复地实验,反复地计算,最终计算得出的结果与实验结果还是相差了两个数量级,也就是相差了一百倍,因此,这位研究生的课题研究失败了。老师告诉她,除偶极矩外,还有 4 极矩,如 CO_2(二氧化碳)的偶极矩为零,4 极矩却不为零;另外还有 8 极矩,一个分子的 4 极矩等于零,它的 8 极矩却不一定为零,等等。要这样按照偶极矩、4 极矩、8 极矩来计算,过程非常复杂。那位研究生感到自己不可能完成,于是就自动退学,没拿到博士学位就提前去找工作了。

所以,那位高年级的同学是想提醒徐光宪,贝克曼教授给的这个研究课题是一个烫手的山芋,可千万不能接,一定要请导师换一个题目。

可徐光宪谢过了那位同学的好意。他认为,做科学研究一定要有信心,外国人研究不出来的,不见得他也研究不出来,我们中国人可以超越他们,别人失败了,不见得他也会失败。他的这份自信早在上海交大时就已经培养起来了。

他信心十足地接受了导师这个棘手的课题。

接下题目后,徐光宪一面大量地查阅相关资料,了解这方面研究的各种成果，一面不停地苦思冥想，试图找出一条不同于前一位研究生的研究思路。

最终还真让他给找到了。他设想了这样一个模型：C—C（碳—碳）键，中间是电子云；两个碳原子带正电荷，中间的电子云带两个负电荷。这样就构成一个化学键的"三中心模型"。这个"三中心模型"的巧妙之处在于，它不仅能表达化学键的偶极矩，还能表达4极矩、8极矩等，而用它来计算旋光度的邻近作用却比用4极矩、8极矩等计算的方法简便得多。

徐光宪用他的这个"三中心模型"，计算出来的旋光色散曲线与实验得出的曲线相比较，只有20%~30%的误差，数量级一样。这样，他就从计算和实验方面，首次验证了罗森菲尔德关于旋光的量子化学理论。

正在徐光宪全力以赴进行自己的博士课题研究的时候，一件震动全世界的大事发生了。

1950年6月25日，朝鲜得到苏联默许不宣而战进攻韩国，历时三年的朝鲜战争爆发。7月7日，联合国安理会通过第84号决议，派遣"联合国军"支援韩国抵御朝鲜的进攻。8月中旬，朝鲜人民军将韩军驱至釜山一隅，攻占了韩国90%的土地。9月15日，以美军为主的"联合国军"（包括美国、英国、加拿大、澳大利亚、新西兰、荷兰、法国、土耳其、泰国、菲律宾、希腊、比利时、哥伦比亚、埃塞俄比亚、南非、卢森堡）在仁川登陆，开始大规模反攻。10月25日，中国人民志愿军应朝鲜请求赴朝，与朝鲜军队并肩作战。"抗美援朝，保家卫国"的口号响彻中华大地。

身在美国的徐光宪和高小霞他们也密切关注着这项战事的进展。毕竟，交战的一方是自己的祖国，另一方又是自己身在其中求学的国家。他和高小霞经常商议，要不要放弃学业，抓紧回国。

这时，他们的好友唐敖庆已经应他的老师曾昭抡之邀到北大任教。新中国刚刚成立，各方面的人才都十分匮乏。北大化学系主任、唐敖庆的导师曾昭抡委托他多多留意海外学子中的佼佼者，并主动邀请他们到北大来任教。

1950 年底，徐光宪收到了唐敖庆的一封信。唐敖庆告诉他祖国建设非常需要他这样的人才，又转达了他的导师曾昭抡先生委托他邀请徐光宪夫妇到北大任教的意思。

收到信时，中国已经正式参战。国内形势如火如荼，中国人民同仇敌忾。

中美关系十分紧张。身在异国，徐光宪和高小霞也能感受到这样严峻的氛围。夜长梦多，不知美国对待中国留学生的政策会不会发生改变，到时会不会让他们回国。而这时，徐光宪的博士课题研究已经取得突破，他是写完论文拿到博士学位，还是尽快赶回国去？

究竟该何去何从，徐光宪夫妇举棋不定。

徐光宪立即写了一封回信，告诉唐敖庆他和高小霞的近况，然后迫切地询问他："我正在做博士论文，还要不要做下去，拿不拿博士学位？"

这可是命运攸关的大事。唐敖庆收到回信后，马上禀告了曾昭抡先生，请他帮助决断。

曾先生根据自己掌握的信息，让唐敖庆转告徐光宪："如果能在两三个月内拿到学位，那就抓紧写论文；如果来不及，就不要等了。"

收到信后,徐光宪意识到形势已经非常严峻。他和高小霞一面开始筹划着回国,一面抓紧撰写博士论文。

实验和计算结果吻合,徐光宪对自己的博士论文胸有成竹。他花了很短的时间就把长长的论文写了出来,交给了导师。

贝克曼教授愉快地接受了。别的同学都非常惊讶,因为一般情况下,学生的论文交上去以后,导师都要反反复复地让他们修改好几回呢。

很快就进入了论文答辩程序。

1951 年 3 月 15 日,是徐光宪博士论文答辩的日子。他的论文《旋光理论的邻近作用》获得了答辩委员会的高度好评,顺利通过,徐光宪成功获得了物理化学博士学位。

从他来到美国求学,到拿到博士学位,一共才费时 3 年 3 个月。其中,从硕士到博士仅用了 1 年 7 个月。而在美国,一般的学生从大学毕业到拿到博士学位最少要用 5 年的时间。

获得博士学位后,徐光宪从哥伦比亚大学正式毕业。导师贝克曼教授非常欣赏他的才华,诚恳地邀请他留在哥大当讲师,和自己合著一部出版社预约的书稿《旋光理论及应用》。

贝克曼教授还对他说:"如果你不想留在哥大,我非常乐意推荐你到芝加哥大学穆立根教授那里去从事博士后研究。"

那时,高小霞也已经拿到了硕士学位,正在攻读博士,再有一年多的时间就能拿到学位。如果留下来,徐光宪无论是在哥大做讲师还是去芝加哥做博士后,待遇都十分优厚。

那样的话,高小霞就可以不用再去康奈尔大学兼职做分析技术员,结束半工半读的状况,专心攻读博士学位。这,无疑是一个两全其美的结果。而且,徐光宪本来还计划在完成博士论文后,用自创的"三中心模型"来做有机分子的从头计算,因为在1951年时还只有氢分子有机量子化学的计算。如果回国,国内缺乏必要的实验条件,这一计划就只能搁置。

然而,祖国正在召唤着他们。万里之外的祖国是他们魂牵梦萦的故乡,祖国就像母亲一样,自己今天所拥有的这一切都是母亲给予的。如今,母亲需要他们,他们怎能贪图自己个人的安逸舒服,而不回去为母亲效力呢?

何况,我们的祖国正在同美国交战。我们不能再住在交战国里。

我们要回去!我们必须回去!

徐光宪婉言谢绝了导师的美意。

他和妻子两个人商议着回国的事情。回国之事迫在眉睫。是让徐光宪一个人先回去,高小霞等拿到博士以后再回去,还是两个人同时回去?两人讨论了很久,一时无法决断。

最后,还是高小霞一锤定音:

"科学无国界,但是科学家有自己的祖国!"

是的,我们都知道,科学无国界,科学是人类共有、共享的财富。但是,每位科学家,无论他的成就有多高,名望有多大,他首先必须是一个坚定的爱国者,一个忠于自己祖国的人。这就像一个孩子,他必须首先是孝子,孝敬自己的生身父母。百行善为首,百德孝为先。只有孝敬父母、忠诚祖国的人,才能立身行事,才能自立于世。如果一个人不爱国,甚至叛国,那么他将会永远被钉在历史的耻辱柱上。

20多年后,受徐光宪在博士论文中提出的"三中心模型"的启发,山西大学杨频教授提出了一个"双原子键的三中心静电模型"，获得成功。由此可见，徐光宪当年的研究成果是一个重要的原创性理论。

徐光宪和高小霞这一代人，出生于 20 世纪 20 年代前后，都亲身感受过祖国落后贫穷的痛苦，体验过帝国主义的野蛮侵略和残酷压迫。在抗日战争期间，徐光宪的老家就被日本人烧掉了。所以，他们这一代人大多抱有科学救国的理想。当初到美国去学习先进的科学技术，目的就是为了将来回国来报效祖国。像北京大学的黄昆教授、中国科学院的彭桓武教授，都非常有才华，假如他们不回国，在国外继续从事研究，很有可能会获得诺贝尔奖，但是，他们都无一例外地选择了回国之路。徐光宪和高小霞当时的想法是：假如没有抗美援朝，他们还希望在美国多待几年，毕竟高小霞还有两年就能拿到博士学位，而徐光宪的量子化学研究也才刚刚取得一点成绩。

但是，祖国利益高于一切。在每一个爱国者的心目中，祖国的分量最重。在祖国经历了长时期的战争后，变得千疮百孔，在这百废待兴之际，所有从旧时代走过来的中华民族的有识之士都更加热爱自己的国家。核物理学家钱三强说，"祖国再穷也是自己的"；生物学家汤佩松说，"我是一个中国人，当然要回中国去"；唐敖庆说，"我的事业在自己的祖国"。这些话语，也正是徐光宪和高小霞的心声。

1951 年初，美国总统杜鲁门提出新的法案，要求中国留学生全部加入美国国籍，禁止他们回到新中国。但是这个法案，还需要等待美国参议院和众议院的批准。通常情况下，这个过程大约需要半年。

得知这个消息，徐光宪和高小霞赶紧去办理签证。

那个时候,风声已经很紧,签证开始变得相当难办。徐光宪夫妇借口自己是华侨,现在家里的母亲生病,要求回去探亲,并且说明一个月后将返回美国。这样,他们的签证才办了下来。

接下来,徐光宪夫妇俩开始忙着买船票,买各种各样将来在中国可能用得上的图书资料,准备回国的行李,向导师和同学、朋友辞行。

当高小霞去向康奈尔大学医学院的导师威·德·维格尼恩德辞职时,维格尼恩德教授非常吃惊。两年多来,高小霞一直都在协助她做微量元素和同位素分析,由于她有着丰富的实验室工作经验,每次的分析都又快又准。维格教授有时进行抽检,亲自动手重新检测,结果发现高小霞没有错过一次。这样优秀的助手,她实在舍不得她离开。

"高,你是不是觉得报酬太低了? 如果是这样的话,我可以将报酬提高一倍。"她说。

"不是的。是因为我的婆婆生病了,我和我的丈夫打算回去探望她。"小霞回答。

"那你还会回来吗? "维格教授急切地问。

小霞看着教授充满期待的眼睛, 回答:"我们中国有句古话,叫'各谋其政,各为其主'。现在我们中国正在同美国交战,我可能就不回来了。"

教授十分失望, 但是依旧很有礼貌地同小霞握手:"那好吧。祝你好运! "

"谢谢你,维格教授! 后会有期! "

在祖国需要与个人前途之间,高小霞和徐光宪都坚定地选择了放弃个人的利益,服从国家的利益。

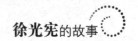

1951 年 4 月 15 日,他们终于坐上了"戈登将军号"轮船,从美国旧金山出发,踏上了回国之路。

半年后,美国总统杜鲁门提出的旨在阻止中国留学生回国的法案由众、参两院正式通过,开始生效。当时,刚好有一批打算回国的中国留学生乘坐"克利夫兰总统号"轮船,停泊在夏威夷的檀香山。这几十名学生便被迫下船,留在了美国。

第七章

北大任教

　　就要回到朝思暮想的祖国了,高小霞和徐光宪的心里充满了激动和期待。

　　1951 年 5 月 1 日,在经过十几天的海上航行后,徐光宪他们终于回到了广州。

　　当时中美尚未建交,而且双方正在交战,所以美国的轮船不准停靠中国的港口,只能停泊在广州港外面的海上,由广州海关派小艇来接。

　　近乡情更怯。站在甲板上,徐光宪和高小霞都感到特别激动:就要回到日思夜想、魂牵梦萦的祖国了,就要见到焕然一新的新中国了! 两个海外游子的心此刻都在怦怦跳动。

　　这时,他们望见有几艘小艇正飞驰而来,越来越近。他们终于看见了艇上插着的五星红旗了,鲜艳无比,正在迎风飘扬,猎猎作响。

这就是我们的国旗啊！

这就是我们的祖国啊！

我们受尽万千磨难、坎坷曲折的祖国啊，你终于换了一副全新的面容！这，能不令海外归来的游子激动万分吗？

徐光宪和妻子并排站在甲板上，注视着那些鲜艳的旗帜，一时间竟都没有一句话，只有热泪，顺着脸颊，不知不觉地流淌了下来。

1951 年 4 月 15 日，徐光宪、高小霞回国时，高小霞在轮船上留影纪念

同时归国的留学生有数十位，教育部专门派人从北京赶到广州来欢迎他们。

那时候，新中国刚刚成立不久，各所高校都缺教师，尤其是理工科的博士和硕士更受欢迎。中山大学化学系主任一再恳切地邀请徐光宪和高小霞二人留下来任教，但因为早已有好友唐敖庆的相邀，他们都委婉地谢绝了。

当时，徐光宪和高小霞本来打算取道上海去北京，顺道还可以回浙江的老家去看望两家的亲人。但是，唐敖庆来信让徐光宪他们即刻取道武汉去北京。徐光宪和高小霞想，唐敖庆让他们这么做一定有不便明说的原因，于是，他俩就照办了。

那时的北京大学，校址还在故宫附近的沙滩红楼。

北京大学的前身是清代京师大学堂，始建于 1898 年（光绪二十四年），校舍在北京景山东街的马神庙四公主府。1912 年，京师大学堂改称国立北京大学。自 1916 年起，学校在沙滩兴建学生宿舍楼，因大楼用红砖砌成，故称"红楼"。1918 年 8 月，红楼建成后，改用作北京大学校部、图书馆和文科教室，是北大文学院所在地。1952 年 9 月底，全国高校院系调整后，北大从城里的沙滩迁至西郊原燕京大学校址，也就是今天的北大燕园。而沙滩红楼，如今则被辟为全国重点文物保护单位"北京新文化运动纪念馆"。

徐光宪他们一到北大，就受到了曾昭抡的热情接待。5 月 5 日，他和高小霞住进了教育部的招待所。得知他们已经到京，唐敖庆立即亲自到教育部招待所去迎接他们，送他们到北大红楼。在红楼里，学校早已为他们腾出了一间教室，作为他们临时的住所。

几个月后，同在化学系任教的孙承谔教授腾出了一大间房子，让徐光宪夫妇搬了进去。不久后，化学系主任曾昭抡又邀请他们住进了位于景山公园东侧的中老胡同 51 号的曾昭抡家。

这是一处精美的小院，有书房、卧室和客厅，生活十分便利。在此之前，唐敖庆回国后一直住在这里。那时，曾昭抡已是教育部副部长，国家另外给了他一处房子，因此，他在这里只保留了一间房子。他的夫人俞大𱂔在北大西语系任教，景山离沙滩只有一站路，住在中老胡同其实更为方便，但是曾先生毫不犹豫地把自己这处房子的大部分都让给了徐光宪夫妇住。这让徐光宪和高小霞特别感激。

这时，徐光宪的长女徐红已经出生。因为工作繁忙，他们便请了一位保姆帮忙照看孩子。

办好了在北大任教的手续之后,徐光宪和高小霞带着女儿返回浙江绍兴,探望已经生病卧床的母亲。母亲已年过七十,身体特别虚弱,平时由徐光宪的大姐照顾。

徐光宪在她身边陪侍了半个月,做了一些安排和嘱咐后,依依不舍地与母亲告别。

1951年10月,在经过上海的时候,徐光宪夫妇前往拜访原中央研究院化学研究所所长、时任中国科学院上海物理化学研究所所长的吴学周先生。吴先生希望他们留在上海,这让他们很为难。因为高小霞当年曾在吴先生手下工作了两年多,受到他很大的栽培和关照,她赴美留学都是吴先生写的推荐信。徐光宪当年曾旁听过他的量子化学课,并由此确立了自己后来的研究方向。按说,他们都受到过吴先生很大的恩泽,应该知恩图报,留在吴先生所领导的上海物理化学研究所。但是,他俩早已答应了唐敖庆和曾昭抡先生,并且都已经同北大签约,再违背契约,于情于理都说不过去。

直到这时,徐光宪才恍然醒悟,当初唐敖庆为什么要切切嘱咐自己务必取道武汉直接去北大报到。如果当时自己先回浙江探亲,势必会像现在这样,被吴学周先生诚恳挽留,自己可能就没有理由不接受他的邀请了。

高小霞和徐光宪把与北大签约事情的来龙去脉,一五一十地告诉了吴先生,希望吴先生能够谅解。

吴学周先生虽然百般不舍,但还是理解了他们的选择。

不久之后,上海物理化学研究所大部分人员迁往吉林长春,组建了中国科学院长春应用化学研究所。途经北京时,吴学周先生专门来到了中老胡同51号,再次热情相邀。徐光宪和高小霞再次婉言谢绝了。以后，尽管身处不同的地方，但一想到大家都是在为国家尽自己的一份力，彼此的心都是相通的，徐光宪夫妇就感到些许安慰。后来的几十年里，徐光宪夫妇与吴学周先生相互间仍一直保持着深厚的友谊，不断地相互支持。

北京大学化学系是全国高校中历史最为悠久的。它的前身是京师大学堂格致科化学门。1910年开始招生。1931年起，曾昭抡先生担任化学系主任。1951年，曾先生调到教育部任副部长，但仍兼任北大化学系主任。徐光宪夫妇受聘到化学系任教后，徐光宪被聘为副教授，高小霞则被聘为讲师。

那时候，化学系一个班级通常只有三四十名学生。但是化学系的一门主课——物理化学课程却有一百五六十名学生，是当时化学系学生人数最多的一个班级。当时这门课是由唐敖庆教授的老师、著名教授孙承谔先生主讲的。孙老师是物理化学研究领域的权威。他是世界著名化学家亨利·艾林（Henry Eyring, 1901—1981）的博士生，曾与艾林教授合作发表了至今仍是经典的绝对化学反应速度理论。但是，或许是由于孙老师对本科课程不够重视或不适应，或许他当时的科研兴趣已经发生转移，因此，学生们听课的效果不尽如人意。这门课对于孙老师来说，犹如鸡肋，他正打算放弃这门课程，专门从事化学反应理论研究。他曾几次向系主任谈及此事。

正在这个节骨眼上时，徐光宪来了。

若是论资排辈的话，这门课程轮不到徐光宪这位新聘的副教授来讲。因为当时化学系除孙承谔先生外，还有曾昭抡、邢其毅、唐敖庆等一大批名家，但是要找一位精通物理化学的老师来给一百多名学生上课，还真不是一件容易的事情。系主任曾昭抡先生了解到徐光宪在哥伦比亚大学留学时曾经当过物理化学课程的助教，便找到他，以商量的口吻，征询他能否接过这门课程。

那时的北大化学系，除了本校的学生外，还有很多外来的学生和留学生。上物理化学课的学生就有一部分是防化兵学生。这是当时为了适应抗美援朝需要，从上海交通大学临时招录的一些大学生。他们在大学里才上了两年学，因为国家需要便应征入伍了。当时的防化兵部队首长考虑到这些防化兵大学都还没毕业，将来会影响到他们从事化学武器防卫研究的能力，于是便同曾昭抡先生商量，安排十几名防化兵到北大化学系学习物理化学。而当年中朝关系如同兄弟，朝鲜金日成大学化学系主任也正带着十几名学生来北大进修物理化学和实验。国内各地高校也十分重视物理化学课，纷纷派骨干教师到北大

朝鲜金日成大学实习团与北大化学系教师合影（第二排左四为高小霞，第四排右一为徐光宪）

来进修。因此,学习物理化学课程的学生特别的多。

由于国家急需人才,当时的大学生只读三年就提前毕业参加工作了。物理化学课是他们毕业前最重要的一门课,对于他们以后独立从事相关工作至关重要。

徐光宪听说过,在北大任教是很不容易的,教得不好甚至可能被学生赶走。据说当年,北大学生傅斯年就曾把讲授《文心雕龙》屡屡出错的老师朱宗莱给赶下了讲台。后来,年轻的胡适到北大来讲《中国哲学史》。一般的教授要用两年的时间才能讲到商代,而胡适一上来便跳过唐虞夏商几个朝代,直接从周宣王开始讲起。听他课的学生对这种另类的授课方式很不适应,有人提议要把他赶走。顾颉刚便找傅斯年一起去听课。听完课后,傅斯年对那些想赶走胡适的同学说:"这个人书虽然读得不多,但他走的这一条路是对的。你们不能闹。"于是,胡适就留在了北大哲学系。

尽管对接下物理化学课这副重担和走上北大讲台心存忐忑,但是,因为自己当年在哥伦比亚大学主攻的一个方向就是物理化学,所以徐光宪答应了曾主任的安排,准备登台讲课。

化学系对物理化学课高度重视,给徐光宪配了三名得力的助手。一位是时任化学系副主任的卢锡昆,一位是后来担任系主任的孙亦樑,还有一位是在黄子卿先生之后讲授物理化学课的韩德刚。

徐光宪意识到,能否上好物理化学这门课,将是他在北大能否立足的第一步,是他需要直面并且攻克的第一道难关。

当徐光宪住在曾家时,看到曾先生房间的灯光每天都要亮到夜里十二点以后才熄灭。原来,曾先生在忙完白天繁忙的公务之余,晚上还要为学生们认真备课,编写普通化学讲义。徐光宪曾经读过曾先生的讲义。这份讲义不仅内容新颖简洁,而且文字生动流畅,富有启发性。

受到曾先生这种认真负责的精神的感染,1951年9月,徐光宪在给大学三年级学生讲授物理化学课程之前,因为没有现成的中文教科书,手头的几本英文教材也不尽如人意,他便学习曾先生的做法,自己动手编写教材。

凭借着自己在上海交大和哥伦比亚大学学习时对物理化学课程丰厚的知识积累,加上他手头上正好收藏着从美国回国前购买的世界上有关物理化学最新的研究成果和教科书,他用了两个多月的时间,精心编写了物理化学讲义,将最新的研究成果和内容都包括了进来。

他用胶版油印了自己编写的《物理化学讲义》。这份讲义包括"基本概念及工具、热力学第零定律和温度的定义""功、内能和热力学第一定律""熵、自由能和热力学第二定律""溶液""化学平衡""多相平衡与相规""电化学""胶体与界面现象""原子结构、量子力学初步、分子结构和化学键"等九章。他的这份讲义,难度比哥伦比亚大学的要高,综合了当时最新的几本英文版物理化学教材的优点和难点。

在授课开始前,他把讲义发下去。讲义内容层次清楚,深入浅出,学生们易学易懂。因此他的课很受欢迎。

为了加强和巩固学习效果,徐光宪借鉴和吸纳上海交大教授授课教学时的实事求是、严谨治学、严格要求的传统,特别重视对学习内容的考试测验。在每次讲课结束之后,他都要给学生进行一次五分钟的课堂小测验。这些课堂测验,既有填空题,也有计算题、问答题等。除了课堂小测验外,还有平时考试和学期考试等。通过这样频繁的测验和考试,来帮助学生更好地掌握所学内容,取得了很好的效果。一学期下来,徐光宪的物理化学课一共进行了 22 次的课堂测验。在他编写油印的讲义上,工工整整地印着每次测验的次序和时间,比如"物理化学五分钟临时测验(8)—(1951-12-05)"、"第十次临时测验—(1951-12-27)"、"第十一次临时测验—(1952-01-03)",等等。当时北大化工系教授物理化学的傅鹰教授非常欣赏徐光宪的这些"五分钟小测验",特地跟他要去了一套试题。

尽管教物理化学的时间只有一年,但是徐光宪对自己的教学却有很多精彩的总结。当时,《化学通讯》杂志开辟了专门讨论教材和教学方法的栏目。1955 年第三期的《化学通讯》发表了徐光宪的论文《相规的严格推导法和组分数的确定》。这是他在物理化学教学中关于"多相平衡与相规"讲授的经验总结。在这篇文章中,他由浅入深,由易入难,层层推进,逻辑严谨地推导出结论,让听课的学生很容易掌握所教的内容。授课内容就连当年在四川大学主讲《物理化学》的刘松涛教授都十分感慨,认为徐光宪的这个关于热力学定律公式推导的论文,非常精彩,把问题讲得很透彻,一清如水。

新中国成立之初,今天北大所在的燕园、未名湖属于燕京大学。那时担任燕京大学化学系主任的是蔡镏生教授。1948 年,蔡教授到华盛顿大学考察时,曾经见过徐光宪。1951 年,当他得知徐光宪已经回国在北大任教时,特意邀请他和高小霞到燕园参观。

这一天,徐光宪夫妇应邀来到了燕园。这是他们第一次来到这座美丽的校园。

蔡镏生教授陪着他们绕着曲径通幽的未名湖畔缓缓地散步。一路上，处处是林木葱茏，湖光塔影，小鸟啼鸣，天气清爽，景色宜人，仿佛来到了江南水乡，一下子便勾起了徐光宪浓浓的思乡之情。

得知徐光宪夫妇目前还暂住在北大红楼的一间教室里，蔡教授委婉地提出来，如果徐先生能够到燕京大学来，可以在燕东园或者燕南园为他们安排一处住房。

这对于刚刚来到北京、刚刚生下长女、尚无立足之地的徐光宪夫妇来说，无疑有着很大的吸引力。但是，自己已经同北大签约，不能出尔反尔，言而无信。何况，唐敖庆和曾昭抡先生对他们是那样的信任。

为了答谢蔡镏生主任的盛情邀请，徐光宪答应可以到燕京大学兼课。就这样，燕京大学便聘请他为兼职副教授，为学生讲授一个学年的量子化学课程。

徐光宪同样认真编写量子化学的讲义，精心讲解。这一年，他还招收了自己的第一名量子化学方向的研究生方国光。

1952 年，全国高校进行了院系大调整。燕京大学的文、理学科并入北京大学。北京大学也从沙滩红楼搬到燕园。从此，徐光宪便一直在燕园工作了 60 多年。

第八章

第一次改变研究方向

　　徐光宪攻读的博士学位的研究方向是量子化学。新中国成立之初,国内实验室条件相当简陋,许多重要的实验器材都缺乏。量子化学研究需要计算机辅助推导和进行模拟实验。但是,当时在国内都找不到一台计算机。就是在这样的现实条件下,徐光宪不得不考虑重新确立自己的研究方向。

　　如果继续从事量子化学研究,原先自己所做的课题旋光理论已经没有条件继续进行了,显然不可能取得新成就。而到北大一年来,他所教的都是物理化学课。他想或许自己可以在这方面找寻到新的突破点。

　　1952年6月至9月,中央人民政府大规模调整全国高等学校的院系设置,仿照"苏联模式",对民国时代的现代高等院校进行系统改造,大力发展国家经济建设所迫切需要的工科院校。经过全盘调整后,全国许多高等学校被分拆,工科、农林、师范、医药院校的数量从此前的 108 所增加到 149 所,私立高校被撤销或兼并。全国高校数量由 1952 年之前的 211 所下降到 1953 年后的 183 所,综合性院校明显减少。调整后产生了许多专业工学院, 如四大工学院——华中工学院 (现华中科技大学)、南京工学院(现东南大学)、华南工学院(现华南理工大学)、大连工学院(现大连理工大学)。还有如今天北京学院路上的八大学院——北京科技大学、中国地质大学、北京医科大学(现北大医学部)、北京航空航天大学、中国矿业大学、中国石油大学、中国农业大学、北京林业大学等。又如,整合山东大学、复旦大学和厦门大学海洋学科组建了山东海洋学院(现已发展成中国海洋大学)。

全国院系调整后,清华大学变成了专门的工科学院,燕京大学撤销,清华大学和燕京大学的理学院都并入了北大,成立了新北大的理学院。这样,北大原先由徐光宪讲授的物理化学课程就统一改由先前在清华大学教这门课程的著名教授黄子卿先生来教。

黄子卿 (1900—1982)是我国著名的物理化学家,早年赴美就读于威斯康星大学、康奈尔大学,1925 年获理学硕士。1929 年 9 月,被清华大学聘为化学系教授。1934 年 6 月,再次赴美深造,1935 获美国麻省理工学院哲学博士学位。同年回国,先后在清华大学、西南联合大学、北京大学任教。

高校调整后,北京大学完全照搬莫斯科大学的教学计划。因为莫斯科大学开设有"物质结构"这门课程,于是北大也决定设立这门新课程。这门课程不仅在国内还从未有过,在国际上也为数不多,同属苏联的列宁格勒大学就没有这门课。在美国,大学物理、化学专业的研究生也只有量子化学、分子光谱、化学物理、高等物理化学及实验等与物质结构有关的课程。有的大学里开设有化学物理课程,与物质结构课程比较接近。

黄子卿先生接任新北大的物理化学课程后,便把其中的原子结构、分子结构和化学键理论部分等方面的内容分离出来,交给徐光宪去教。这也就是物质结构课程。

莫斯科大学虽然有物质结构的教材,但是徐光宪对这份教材并不满意。同时,国内外都没有更好的教材可以参考,于是,他决定自己动手编写新的教材。

1952年开始讲授这门新课时,徐光宪不得不从大量的参考书和原始文献中选择合适的内容,经过消化、整理和创新,化繁为简、化难为易、去粗取精、去伪存真,用通俗易懂的语言,深入浅出的说理来编写自己的讲义。

那时候,上物质结构这门基础课程的学生特别多,几乎坐满了化学楼103阶梯大教室。物质结构是一门理论性很强的课程,一般人都会认为它一定抽象难学。但是,在课程开设之后,徐光宪运用自己渊博的学识,进行深入浅出的讲解,使同学们不仅不觉得难学,反而感到兴趣盎然。

徐光宪从不照本宣科,而是把自己的某些研究成果也融合了进去。他特别重视启发式教育,比如在讲解物质结构理论时,他不是简单地告诉学生该理论是什么,而是从科学理论的适用范围、理论的更替与发展、新理论对矛盾的解决方式、实验对理论的检验等相关环节、计算方法在对理论进行说明和推导的作用等方面,引导学生对科学理论进行理解,启发学生思考科学理论提出、论证的具体过程，让学生在掌握科学理论的同时，获得对科学研究过程与科学思想的细致理解。在听过徐先生的课程后，同学们就能用新学到的理论来解释以前学过的"无机化学""有机化学"中电子结构的问题。

在授课中，徐光宪很自然地贯穿着辩证唯物主义的认识论，同时也发扬了北大学术自由的精神，经常组织学生开展自由大讨论。他特别鼓励学生积极思考，主动发现问题，提出问题。有时学生提出的问题他回答不出来，他就老老实实地讲，这个问题我还回答不出来。他接着告诉学生，这个自己回答不了的问题存在两种情况。一种情况是这个问题国际科学界根本都还没有解决，于是他就告诉同学这个问题现在没有解决，你们将来可以自己去解决。这样也能激起学生将来去解决科学问题的动力。第二种情况是他自己也弄不懂的，他就如实对学生讲，老师不是万能的，我回去查查书，下次再告诉你。这种态度也是要告诉学生，治学搞科研一定要老老实实，你知道就是知道，不知道就是不知道。在他看来，鼓励学生多提问题，也是活跃课堂气氛、引导学生主动思考的重要方式。如果教师只一味地填鸭式地讲授，弄得学生都不敢提问题，只知道被动地接受，课堂气氛会很沉闷，那么，这样的老师就是不合格的。

徐光宪对待学生特别平易近人，在课后他还热情地进行辅导答疑，这些都大大提高了学生们学习的积极性。这门课程因此成为学生们最喜欢的课程之一。

北京大学在全国率先开办物质结构课程后，教育部要求在全国高校都开设这门课程。于是，便把各地高校的青年教师集中起来，在1953年、1954年的暑假连续举办了两期教师培训班,由吴征铠、唐敖庆、卢嘉锡和徐光宪四位教授授课。

在 1954 年暑期综合大学教学研究座谈会上,徐光宪编写的并经油印的《物质结构讲义》成为授课教材。1955 年暑期,因为唐、吴、卢三位先生都很忙,教育部便邀请徐光宪在郑州大学为青年教师讲授物质结构课程。这些暑期班培训出来的青年教师,大多是各地高校的骨干教师,后来有不少都成为著名的教授和专家,有的还成为中科院院士。

燕儿岛位于青岛市南区,是一处临近大海的僻静场所。1957 年暑假,应教育部的安排,徐光宪和唐敖庆、吴征铠、卢嘉锡一道来到了这里,住进了一家安静的宾馆里,集中编写《物质结构》教材。其他三位先生当时都已是赫赫有名的教授,只有徐光宪是副教授。因为他们三位的姓氏唐、吴、卢与北京著名小吃"糖葫芦"发音接近,于是,大家便戏称他们是一串"糖葫芦"。

四个人当中,徐光宪最为年轻。当时的山东大学校址就在青岛。他们就从山东大学借来几十本与物质结构相关的图书,聚在一起,认真讨论写作大纲。大纲完成后,开始进行分工写作,共同完成这部全新的教材。其中,唐敖庆负责写量子化学基础,徐光宪写分子结构、化学键理论,吴征铠写分子光谱,卢嘉锡写基础结构化学。

每天上、下午,四个人分头编写,晚饭后大家一起出去到海边散散步,回来后又接着写。因为全神贯注地编写,没有任何外来的干扰,所以进展很快。几乎每人每天都能写出一万字左右。

一个暑假下来,他们一共写了一百多万字。但是,按照他们开始时商定的提纲,这才完成了物质结构教材一半的任务。于是,大家约定第二年暑假继续集中编写。

　　然而,世事难料。四个人各自回到单位去以后,由于"糖葫芦"三位都承担着教学、科研的行政领导职务,工作十分繁忙。此时,东北人民大学(吉林大学前身)在高教部副部长曾昭抡的建议下也增加理科办成了综合性大学。为此,曾先生建议把北京大学化学系的唐敖庆教授调到东北人民大学。唐敖庆先是担任副校长,后来又担任校长。卢嘉锡在中国科学院里也很忙,后来担任了院长。吴征铠是复旦大学化学系主任,平时事务也不少。因为这些原因,这部四人合著的教材的下半部就无法完成了。

　　但是,当时全国高校和科研机构都迫切需要一本比较简明的《物质结构》教材,"糖葫芦"和徐光宪合著的教材显然过于繁杂了。于是,高教部决定,把编写教材的任务交给徐光宪一人承担,要求他在五年来讲授物质结构课程的基础上,根据自己的讲义,重新整理编写出一部简明的通用教材。

　　徐光宪接受了教材编写的任务。他花费了两年的时间,终于完成了这部 50 多万字的《物质结构》教材。当时,他已经积累了丰富的教学经验,因此比较清楚学生更需要和喜欢怎么样的教科书。

　　在他看来,一本好的教材要能经得起时间的考验,秘诀只有一条,就是"千方百计为读者着想"。那么,读者(学生)对教材有什么要求呢？他认为不外乎有两条。

　　第一,希望读过这本书后有很大收获。收获也是两条:

　　(1)掌握本学科的基础知识,了解本学科的最新成就和发展趋势;

　　(2)在读完这本书和做完每章的习题后,在潜移默化中学到科学的思考方法、学习方法和研究方法，能够用学到的知识分析和解决遇到的问题。

第二，要易学、易懂、易教。

在编写教材时，他特别注意做到这两点。他还特别注意将自己的研究成果融进教材之中，同时注意对学习者进行学习方法的培养。在他看来，培养方法比传授知识更重要。因为传授知识总是有限度的，而教授方法却可以培养学生毕业后在实践中掌握知识的能力。知识跟智慧不同。一个人只有把知识经过消化吸收变成自己的智慧，才能自己去创造知识。在学校里老师教授的知识总是有限，学生毕业后在实际运用中往往不够用，所以教会学生学习方法比传授知识更为重要。

在这部教材中，徐光宪还加入了科学史的内容，讲述科学史上每次重大发现的故事，把科学发现前后的历史都说出来，讲清楚知识演变的来龙去脉，同时揭示那些尚未被人类认识和了解的领域，以此来激发读者的阅读兴趣，同时也引导他们深入思考相关问题，让他们对未知世界充满好奇和探索的勇气。

徐光宪独自完成的《物质结构》教材于 1959 年 12 月由高等教育出版社正式出版。第一次就印了 5000 册精装本、2000 册平装本。1961 年，人民教育出版社将其分为上、下册，先后两次出版，成为全国大专院校相关专业的通用教材。1964 年，徐光宪还应教育部的要求，在对《物质结构》进行改编缩写的基础上，出版了一部《物质结构简明教程》。

数十年来，《物质结构》这部教材曾五次再版，印刷了 20 多万册，受到了广大读者特别是高校师生们的热烈欢迎和高度好评。不仅化学系、化工系的学生使用这部教材,连冶金系、材料系、染化系、物理系、金属物理系也用它作为课本。1987年,高等教育出版社出版了《物质结构》修订本。在该年度举行的全国首次高校教材评比中,这部教材获得了全国优秀教材特等奖。这是迄今为止化学学科教材获得的唯一一个特等奖。许多人因为读过或是使用过这部教材而结识了作者徐光宪,并尊他为师,在后来见到徐先生时,都恭恭敬敬地称呼他为"老师"。因为他的确是一些人此前从未谋面、却教会了他们最基础的一些物理化学知识的良师。

量子化学是一门新兴学科,这项研究的理论性和抽象性强,大量的计算和推导都需要借助计算机,而当时中国国内缺乏必要的设备。因此,在新中国成立之前,中国还没有人能够进行量子化学方面的研究。

曾昭抡在担任北大化学系主任时,特别强调教授必须教学与科研并举,理论和实验并重,并购置了一批实验设备和图书资料。因此,徐光宪在进入北大初期还继续进行了自己在量子化学方面的研究。

量子化学是徐光宪读博士时的主攻方向。他将自己的博士论文《旋光理论的邻近作用》译成中文,进行修改完善后,在《化学学报》上发表。这是国内较早进行量子化学研究的重要成果。

1951年9月,徐光宪招收了第一名量子化学方向的研究生方国光。那时,国家还没有设立学位制度,招收的本科毕业后继续深造的学生一律统称为研究生。毕业时也称为研究生毕业,但没有学位。事实上,这个时期毕业的研究生大多已达到了博士水平,像当时毕业的研究生黎乐民、黄春辉等,后来都当选为中科院院士。

1954 年 6 月,方国光的论文答辩举行。

答辩委员会是由化学系教研室组织的，会邀请哪些专家,导师本人并不清楚。因此,当徐光宪走进答辩会房间时,他见到了一个陌生的身影。这人身材中等,穿着朴素,面容安详,平易近人。

物理化学教研室主任黄子卿走上前来,告诉他:"这是彭桓武先生。"

黄子卿又转过头告诉彭桓武:"这是方国光的导师徐光宪先生。"

彭桓武是理论物理专家,后转向量子场论研究,时任中科院近代物理研究所研究员。徐光宪此前虽然听说过他的名字,但彼此却并不认识,也从未见过面,现在突然在自己学生的答辩会上见到他,感到非常惊喜。

他紧紧地握住彭先生的手说:"欢迎! 欢迎! "

答辩委员会成员还有胶体化学教研室主任傅鹰等人。因为彭桓武是外请专家,所以他的意见尤为重要。

答辩会开始。方国光开始做自己的论文报告。

他的论文分为"旋光理论"和"氢分子新的变分法处理"两个部分。用量子力学的变分法来处理氢分子,这是由德国物理学家瓦尔特·海特勒(1904—1981)和弗里茨·伦敦(1900—1954)于 1927 年提出的,他们由此揭示了氢分子中共价键的实质。但是,他们用来处理氢分子的定量结果却不尽如人意。1928 年我国物理学家王守竞发表了改进的物理方法,并引进了一个有效核电荷的新概念,取得了更加接近实验值的计算结果。后来,詹姆斯和库里奇用包括 13 个参数的变分函数对氢分子进行量子化学计算,取得了和实验值非常接近的结果。因此,人们认为氢分子的问题已经没有可做的工作了。但是,詹姆斯他们所使用的变分函数非常繁琐,不易推广到对结构比较复杂的分子的计算。

于是,徐光宪设想,成键以前的氢原子 A 和氢原子 B,描述它们的波函数是 ψa、ψb。两个波函数的中心是 C、D,用波函数 ψc、ψd 的组合来描述。成键以后,A 中的电子受 B 的吸引,B 中的电子受 A 的吸引,其电子的重心 C 和 D 就要移动靠近一点距离。那么,这个移动的距离究竟有多少呢?这可以通过变分法计算来确定。

徐光宪接着指导方国光制作了一个移动,研究出了一个移动中心的方法。通过采用移动中心的方法,量子化学的计算结果比王守竞先生的又有了很大的改进,但是还没有使用 13 个参数的变分函数的方法优越。不过,13 个参数的方法不太容易推广,太麻烦了,而徐光宪和方国光的设想则要简便得多。

听完方国光的报告,彭桓武发表了自己的看法。他说,他非常欣赏这个移动中心的方法,非常赞赏徐光宪的这个物理见解。

他兴奋地对方国光和徐光宪说:"这个想法很不错,你很有创见,而且后面的计算都是正确的。"

最后,他给方国光的论文下了一个结论:"你文章的第二部分不是论文的重要部分,但已经很够分量了,作为博士论文已经是优秀的了。"

主持答辩会的黄子卿教授比彭桓武大十五岁,是德高望重的老一辈化学家,他特别欣赏量子场论专家彭桓武先生的人品和才识,现在听到彭桓武都如此地欣赏和肯定了,他和其他专家当然没有异议。于是,方国光的论文获得一致通过。

方国光的论文获得彭桓武的好评顺利通过后,黄子卿高兴地对徐光宪说:"中国只有唐敖庆和你两个人能做量子化学研究。"

唐敖庆是黄子卿教授在西南联大时教过的学生。黄先生深知唐敖庆的人品和学问,信任他的研究能力。现在,徐光宪也得到了他的赏识。这对徐光宪的内心触动很大。

他清楚自己不是北大毕业的,也不是清华毕业的。而北大化学系是清华、北大、燕京大学三所高校化学系的合并,自己在北大没有师生关系,没有一位老教授是他的老师。但是,崇尚学术和思想的北大就有这个好处,只要你好好工作,研究出成果,你就能站得住脚。北大对自己的教师要求都很严格。黄子卿先生原先是清华大学的教授,三个学校的化学系合并后是徐光宪所在物理化学教研室主任,也曾到徐光宪的课堂上去听过课,对他的课很满意。这次徐光宪的学生论文答辩顺利通过,黄先生也很高兴。这些事都让徐光宪觉得黄子卿先生非常公正,是自己学习的榜样。所以,从那以后,无论是不是自己的学生,只要他很好地工作,徐光宪就同样支持。他认为,北大始终都有这样优良的传统,不需要有这种师承关系。交大精神、北大精神,对他一生的做人、做事、做学问都产生了深远的影响。

因为条件限制,徐光宪很难继续进行世界前沿性的量子化学的研究。另一方面,北大开始要求徐光宪指导本科生的毕业论文,而本科生的论文从确定选题到完成只有半年的时间。要在这么短的时间里,弄懂量子化学都很困难,更别说进行研究并做出论文来了。

因此,徐光宪需要转变自己的研究方向。

那么,研究什么好呢? 他很是费了一番考量。

根据他多年的科研经验,徐光宪认为,从事科学研究最重要的在于有创新有突破,要完成别人尚未做到的事情。为此,自己选择的新的研究方向, 首先必须是国际学科发展的前沿领域;其次则要结合国内的具体情况——因为经费很少,不能买大型仪器设备,所以要求仪器设备比较简单;第三还要看这项研究的应用前景,最好是能够较快地投入到工业生产中去。

一旦研究方向选好后,就要选择工作的突破口。

在美国,徐光宪曾经学习过计算机编程,因为哥伦比亚大学就有计算机。但在国内连基本的化学试剂生产都还很少,更别说实验仪器和设备(特别是电子计算机)了。因此继续研究量子化学显然不是理想的选择。当时,国际上化学研究方面的一个前沿热点是络合物化学,后来称配位化学。

络合物就是配位化合物,是一类具有特征化学结构的化合物, 是中心原子或离子和围绕它的称为配位体的分子或离子,完全或部分由配位键结合形成。络合物是化合物中较大的一个子类别,广泛应用于日常生活、工业生产及生命科学中。

络合物研究的重点是溶液络合物,就是要测定络合物的稳定常数。国外一些著名期刊发表了大量关于溶液络合物化学的论文,有关权威人士正在把大量络合物的稳定常数编制成大厚本的手册,供化学家们查用。溶液络合物化学之所以成为当时的热门,是由于它在无机化学、分析化学、放射化学、核燃料化

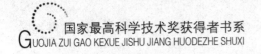

学等领域都有广泛的应用。

而在中国,有关络合物的研究几乎还是一片空白。因为妻子高小霞研究的方向正好是电分析化学,在哥伦比亚大学时徐光宪选修过仪器分析课程,当过物理化学课的助教,对电化学也很熟悉。这些都为徐光宪准备开展的络合物研究提供了得天独厚的有利条件。他决定采用电化学的方法来研究络合物。这样的话,就可以不用花费巨额资金去购置大型光谱仪——即便想买也没钱,而只需用 pH 计、K 式电位计、极谱仪等电化学的仪器,而这些仪器有的自己就可以组装。

把现实条件和可能遇到的问题及困难考虑清楚以后,徐光宪决定暂时放弃量子化学研究,转向溶液络合物这个研究方向。

确定新的研究方向以后,找到合适的突破口就成为关键。徐光宪经过几个月的深思熟虑后认为,提高实验的灵敏度,或许能够发现一些别人尚未发现的东西。科技发展史上,很多重要的发现,都是通过改进实验仪器的灵敏度或是改进实验的方法得以实现的。

国际上认为,属于碱金属的钾、钠等金属以及钙、镁等碱土金属,它们的离子络合能力很差,不能生成络合物。这个别人认为不可能的事情,徐光宪倒想亲自来试一试是否可能。他决定从提高测量的灵敏度入手,重点进行碱金属的络合能力研究。

当时用极谱半波电位进行溶液络合物稳定常数研究的都是分析化学家。极谱半波电位都是利用照相式极谱仪来测定络合物稳定常数。在高小霞从事的电分析化学实验室里,就有从国外进口的照相式极谱仪。它所测定的络合物稳定常数的准确度是 0.01 伏。这在分析化学中就已经足够了。

徐光宪知道,在电化学领域,有一种 K 式电位计,它的灵敏度可达 0.001 毫伏。于是,他和高小霞商量,能不能用 K 式电位计和灵敏电流计自己组装一个极谱仪,提高测试灵敏度。

结果表明,他们组装的极谱仪比买来的照相式极谱仪的准确度提高了 500 倍。

于是,他们又采用同样的方法,用 K 式电位计加氢电极组装的 pH 计,也比原先的 pH 计的灵敏度提高了 10 倍。这样一来,他们所拥有的仪器的精确度就得到了大幅度的提高。

徐光宪又带领着他的学生吴瑾光、蒋洪祈等,对极谱仪所使用的 H 电池进行了改进。旧式的电池在测试时,电池中的一些氯离子会释放到待测溶液中,从而形成沉淀或络合物,影响测量结果。他们改用一端由中孔熔结玻璃片的琼脂盐桥所组成的 H 电池,盐桥管径特别粗,使电池内阻和一般 H 电池的内阻相仿。这种改装后的电池在使用时不仅不会释放氯离子产生干扰,而且在洗净、干燥等方面也更为方便。

通过改进极谱仪及其电池,徐光宪和他的合作者极大地提高了测定的准确度,使络合物稳定常数的精确度提高了 100 倍以上。他们重新测定了大量的络合物稳定常数,获得了许多新的发现。

他们重测了铅和锌的硫氰酸根络合物,得到了新的络合物稳定常数;又以较高的准确度测定了硫氰酸盐的各级稳定常数,用极谱法证明了在水溶液中有配位数为 2、3、4 的硫氰酸基亚铊的存在。

为了使络合物溶液中的离子强度保持稳定,当时通行的是采用一种不络合的电解质，通常是用高氯酸钠 $NaClO_4$ 来稳定离子强度。徐光宪认为碱金属也未必不络合，最不络合的可能是四甲基氢氧化铵 $(CH_3)_4NOH$，因为氮已经被四个甲基络合了，氮就不容易再去和阴离子络合。于是，他就改用四甲基氢氧化铵 $(CH_3)_4NOH$ 代替高氯酸钠 $NaClO_4$ 来使离子强度保持恒定，从而不仅证明了碱金属是可以络合的，而且测定了碱金属的络合常数。他们通过测定半波电势和扩散电流，否定了亚铊离子与硫氰酸根不起络合作用的结论。

"文化大革命"开始之前的那些年，大概是徐光宪一生中最充实也最幸福的时光。每天晚上，他都和夫人高小霞在北大化学南楼的实验室里一直工作到半夜，然后再一起骑着自行车，横穿整个宁静的燕园，回到中关园 276 号的宿舍。

他们互相启发，互相帮助，一同做双指示电极实验，还一起合作发表了一些重要的论文。这些论文达到了国际研究前沿的水平。夫妻俩携手同行，成为北大校园里一道亮丽的风景。

1955 年以后，徐光宪带领他的研究生进行了一系列的络合物稳定常数测试，做出了许多新的发现，他们的研究水平已经达到国际前沿。出于爱国的思想，他们不希望把自己的新发现和研究成果拿到国际上去发表，而是将相关论文陆续发表在 1957~1960 年国内的《化学学报》上。

这些论文都有一个英文摘要，美国的《化学学会会刊》一注意到便全文转载了。国际上有位研究络合化学的权威西伦教授看到了这些论文摘要，非常惊喜。他正在编一本《络合物稳定常数手册》，对徐光宪他们的研究工作非常感兴趣。因为过去一般认为碱金属没有络合作用，现在徐光宪他们不仅做了碱金属的络合工作，还测量了稳定常数，而且精确度大大提高了。西伦教授把自己的一百多篇论文寄给徐光宪，希望徐先生把论文的全文也复印一套寄给他。

但是，徐光宪在1957年时就已调到北大技术物理系，从事核燃料方面的研究，由于该项研究带有严格的保密要求，他便去请示系党总支书记。

书记回答，因为他们系对保密的要求很高，所以不可以把研究论文寄给国外。其实，那些都是徐光宪在化学系时做的研究论文，与保密毫无关系。但是，那时的人们保密观念和组织纪律性都非常强，领导说了不能寄，徐光宪就只好作罢，连信也没有回复。就这样，他失去了一次绝佳的国际交流机会。

假如当时寄给国外发表了，国际上势必就会大量引用他的文章，他同国际同行的交往就会密切起来。通过这件事，徐光宪意识到，经济方面封闭起来会落后，科学方面封闭起来也要落后。

然而，不久后徐光宪就为自己当时的明智做法感到庆幸了。

当时，技术物理系有一位留苏回来的教师，写了一篇同原子能毫无关系的文章，发表在苏联的杂志上。结果，组织上知道了，就把他给开除了。

第九章

第二次改变研究方向

共和国诞生之初,便处在西方列强的核威胁之下。

在朝鲜战争中,1953 年春, 美国曾打算用原子弹攻击中国援朝的志愿军部队。这一年 11 月,白宫起草了《美国对共产党中国的政策》的文件,其中宣称一旦与中国发生全面冲突,美国将使用各种武器,包括原子武器,对中共的空军和其他设施实施决定性打击。1954 年,美、英等国曾考虑用核武器攻击中国。在面对西方大国的核恐吓和核威慑的情况下,中国人民不得不节衣缩食,全力以赴,开始研制自己的原子弹。

早在 1930 年代,中国就有一些有远见的知识分子,像彭桓武、王淦昌、钱三强、何泽慧等人分赴世界各国,学习核物理。1946 年,中国派出了赵忠尧、曾昭抡、吴大猷、华罗庚等人赴美国考察或学习原子能技术。1950 年 8 月,赵忠尧带着从美国采购、加工的核物理实验设备和器材回国,在途经日本时遭到扣留,1951 年 1 月才回到中国, 受到了中国科学院院长郭沫若等人的热烈欢迎。赵忠尧带回的这些设备为后来我国建造第一台质子静电加速器起到了重要的作用。因此,有人说,我国的第一台加速器是赵忠尧背回来的。

1955 年,高教部决定,为了开展和平利用原子能的研究工作,在北京大学设立物理研究室,并任命胡济民为物理研究室主任,虞福春为副主任。物理研究室是中国第一个专门培养原子能人才的机构,属于严格保密单位。

1957 年,北大物理研究室撤销。物理研究室的核物理专业(代号一组)并入物理系;放射化学专业(代号三组)并入化学系,成立放射化学教研室,对外称物质结构教研室。1958 年开始正式招收核物理和放射化学两个专业的本科生。

这时,钱三强到北大调阅化学系教师的档案。他发现,徐光宪在留学时攻读的是量子化学的博士学位。钱三强认为,研究量子化学的人数学和物理的基础都很好,改行研究放射化学比较容易,于是,他提议将徐光宪调到放射化学教研室当主任。

徐光宪原来在物理化学教研室黄子卿教授的领导下从事络合物研究,心情非常舒畅,而且已经取得了明显的突破,开拓了理论化学和络合物化学新的实验研究方向,还组建起了一支优秀的科研团队,开展起工作来很是方便。要调他去从事自己并不熟悉的放射化学专业,又要从头开始做一番艰苦的学习和探索,他的心里其实是不情愿的。但是,那个时候,人们的思想觉悟都特别高,一切服从组织,一切听从国家需要。因此,当系里将调遣决定告诉徐光宪时,他还是毫不犹豫地接受了。

从 1958 年 9 月起，徐光宪开始为学生教授原子核物理导论课。

与初登北大讲坛教物理化学课程一样，徐光宪对原子核物理导论并不熟悉。所以，这门课对于他而言又是一次全新的挑战。别人认为，他要开设这门课程起码要在一年以后。没想到，他一来就把这门课开了起来。

当时，核物理专业和放射化学专业的学生都是分别从全国各地的高校抽调上来的物理系或化学系的学生。物理系的学生自然物理基础要好一些，而化学系的学生对原子核物理不熟悉，如果让教物理的老师来教，他可能对学化学的学生的根底不了解，以为物理的基础课学生们都学过了，也就不会想到补课的问题。可由徐光宪来教原子核物理导论课，他知道化学系都开过什么课，学化学的学生们缺的物理课他都会帮他们补起来。

1951 年徐光宪回国时，中美正在交战，当时他便敏锐地预感到新中国有可能要研制世界上最先进的武器原子弹，因此在回国前他特意购买了一批放射化学和核物理方面的著作。国内没有任何关于原子核物理导论的教材，这时为了授课，他把这些参考资料赶紧都找了出来，一边认真研读，一边将其中的内容化繁为简，编写成深入浅出的讲义。

这份《原子核物理导论讲义》是随编随写、随写随刻的。每次课前刻板油印出来，上课时发给学生。因此油印讲义的墨色都不相同。等到这门课程讲完了，将所有的讲义装订起来，居然有 20 多万字。

徐光宪的讲义包括绪论、放射性衰变及其规律、原子核的组成性质和结构、α 射线与物质的相互作用和 α 蜕变、β 射线与物质的相互作用以及 β 蜕变、γ 射线与物质的相互作用和 γ 蜕变、原子核反应、中子物理基础、反应堆、加速器等十章。每章都附有复习提纲、习题、参考文献以及第一次考试题、第二次考试题等。他很注重对各种术语和概念的解释，善于用放射性衰变规律、钍系、铀系、衰变、裂变……这一个个有趣的概念，将学生引进了神奇的原子核物理世界。

在教学过程中，徐光宪一如既往，格外重视对原子核物理科学发展史的梳理与讲述。他从 1868 年门捷列夫发现元素周期律讲到 1895 年伦琴发现 X 射线，又从 1932 年查德威克发现中子讲到 1934 年弗雷德里克与艾伦夫妇发现人工放射性，一直讲到 1956 年李政道、杨振宁提出弱相互作用中宇称不守恒，乃至讲到 1958 年中国建成第一座试验性重水反应堆。而在以后的相应章节中，他还继续介绍放射性发现的历史、中子发现的历史等。

他告诉学生们，科学史实际上就是由一个个发现和创新的故事组成。英国科学家弗莱明本来是要在器皿中进行细菌培养的，可没想到有一天他发现细菌全都被杀死了。就这样，他发明了青霉素，后来又获得了诺贝尔奖。他借此提示学生，要注重实验，凡是在实验中遇到了突然发生的特殊情况时，就一定要特别注意，这往往是科学发现的开端。

由于徐光宪讲课条理清晰，深入浅出，又风趣好玩，他很快就把学生们欠缺的知识都给补上了，因此，从化学系上来的学生都很容易听懂，也很爱听，感到特别满意。

1958 年 12 月，为了便于保密专业的管理，北大又把核物理专业和放射化学专业,分别从物理系和化学系抽出来,成立原子能系,任命胡济民为系主任,虞福春为系副主任。1959 年 1 月又任命徐光宪为系副主任,兼核燃料化学教研室主任。徐光宪开始教核燃料化学、萃取化学课程。

1960 年,原子能系改称技术物理系。因此,徐光宪后来就成为北大技术物理系的开创元老之一。

为了帮助中国制造自己的原子弹,苏联派来了一位热原子化学方面的专家涅费道夫副教授。在这方面苏联还是留了一手,它不派与原子弹制造密切相关的核燃料化学的专家,而是派来一个搞热原子化学的人。涅费道大是搞放射化学基础理论研究的,研究的是将一个化合物通过放射化学反应变成另一个元素的化合物,与原子弹并没有直接关系。

徐光宪到了原子能系,负责建立核燃料化学教研室。他认为,制造原子弹用的材料是铀、钍、钚等,用这些元素可以制备核燃料,于是决定从事铀、钍的萃取分离和络合物的研究。这些都跟造原子弹有直接关系。他培养的学生就是从事这方面工作的人才,他自己虽然没有直接参加原子弹的研制,但他的学生后来都是这方面的骨干。

铀、钍、钚都是一些放射性化学元素,如果防护不当,对人体会造成致命性的伤害。当年,居里夫人在同丈夫寻找发现放射性元素镭的过程中,因为长期暴露在高辐射的环境里而缺乏必要的防护,因此身体受到了严重的伤害,到晚年患上了白血病,手上的皮肤一点一点地脱落,最终死于严重的辐射后遗症。因此,跟具有很强放射性的核燃料打交道,几乎就是天天处在一种高度危险之中。

1958 年，全国开展"大跃进"运动，大学的教师们都去做科研，所以原子能系的老师们就分工各干不同的事。当时我国要研制原子弹，但是物质条件方面却是一穷二白，什么也没有，连最基本的原材料铀都没有。

怎么办呢？就让地质部门从寻找铀矿开始，看看哪些矿藏里面有铀；如果有铀就把它提炼出来，这叫作"前处理"。提炼出来后便是纯铀，其中含 0.72% 的铀 235 和 99.28% 的铀 238。制造原子弹需要使用纯度为 99% 的铀 235，因此，必须先对铀 235 和铀 238 进行同位素分离。同位素分离之后再还原成金属的铀235，这时才能作为原子弹的核燃料。所以，当时的布置是，每条线上都有专人在做。地质找矿的是地矿部门。北大原子能系主要是做化学方面的，第一部分是做分析，搞清楚里面有没有铀；第二部分是做"前处理"，就是把铀提取出来；第三部分，将铀235 通过同位素分离出来，这是制造原子弹的第一种原料；第四部分，制作原子弹的第二种原料钚。在反应堆中，铀238 经过中子照射后可以产生钚，然后将钚与铀分离开来，这叫作"后处理"，是生产原子弹的第二种方法。徐光宪所承担的正是"后处理"部分的工作。

因为有研究络合物化学的良好基础，徐光宪一进入核燃料研究领域，就着重研究核燃料萃取。当时，萃取化学尚未独立成一门学科，有关萃取的研究主要散见于分析化学中。

徐光宪认真研究了国内外数以千计的有关无机物萃取包括核燃料萃取的论文，结合自己的实验，提出了一系列自己的见解，先后发表了多篇关于萃取化学研究的论文。他优先注意到萃取体系的分类，认为"萃取机理的恰当而细致的分类是系统整理目前已经积累起来的大量萃取资料的先决条件";合理的萃取体系,既要考虑萃取剂的性质,也要考虑被萃取金属元素的特性和底液的性质。他主要对酸性络合萃取体系(A)、中性络合萃取体系(B)、离子缔合萃取体系(C)等进行研究,并首次提出了"协同萃取"的萃取体系概念。所谓的协同萃取,就是"两种(如 A+B)或两种以上(如 A+B+C)萃取剂的混合物同时萃取某一化合物,其分配比显著大于每一萃取剂在相同的浓度和条件下单独使用时分配比之和"。现在,协同萃取体系已经成为一个通行的概念。

为了做好核燃料萃取研究,徐光宪采取了一贯的"笨办法"。他和他的学生广泛搜集国内外有关萃取和分析化学的研究成果,尽最大可能地掌握了解前人已经做过的工作,将其中有用的内容整理成卡片,并进行分门别类,把文献当中有关两种元素的分离处理等方法全部列出。每张卡片都清楚地标明这些项目:(1)分类;(2)被萃取的元素;(3)水相组成和待分离的元素或杂质;(4)有机相萃取剂组成;(5)作者和文选来源。徐光宪又根据被萃取元素的状态分成"阴离子""中性络合物""阳离子"和"中性分子"等几类。

几年下来,他们积累了一万多张的卡片。这些卡片的内容主要是分析化学文献中提到的采用萃取法分离某一种元素,而关于萃取分离工艺和萃取机理的内容却很少。徐光宪便将自己的研究重点放在萃取机理上。他带领自己的研究生和外校来的进修教师,着重对铀、钍、钚等核燃料的萃取机理开展研究,写出了几十篇论文。

那时,国际上还没有关于萃取化学的著作,徐光宪原本打算凭借这些卡片资料和研究论文，撰写一部关于萃取化学原理的专著。遗憾的是，不久后，"文化大革命"开始了，北大技术物理系内迁往陕西汉中。可能就在这个过程中，这些珍贵的卡片全部丢失。就这样，一耽误就是整整十年。好在已经有了很多的积累，在"文化大革命"结束后，徐光宪带领他的研究团队，在以前取得的研究成果的基础上，继续吸纳国际上最新的文献，将萃取体系分类法等一些关于萃取的基本原理汇集成一本小书，1984年，他与王文清、吴瑾光、高宏成、施鼎等合著的《萃取化学原理》一书由上海科学技术出版社出版。这本书比原来设计的规模要小许多，但很简明、实用。他们还同时编写了一部《萃取化学讲义》。这两部著作都是我国较早关于萃取化学的著作。徐光宪在书中所阐述的萃取分类体系后来被化学界广泛应用。

1958年，全国各行各业都在搞"大跃进"，放"卫星"。除了全民大炼钢铁外，还兴起了全民大办原子能的热潮。各地不论有无条件，都在上钢铁项目、原子能项目，还不断地放出"卫星"新闻，让局外人以为当时中国的经济和科技真是万马奔腾，一日千里。

1959年2月，徐光宪带领一个几十个人的科研小组，钻研核燃料的分离——就是要从铀矿中将铀235和铀238分离开来。这个项目小组的代号便是538。天然铀中铀235的含量只有0.72%左右，而核燃料需要的铀235的含量必须在99%以上。

徐光宪按照自己通常所采用的化学试验方法，先大量阅读相关文献，搜集其中有关分离铀235和238的方法。结果，他找到了十几种方法，从中他又筛选出了几种可行的方法来进行试验。

其中有一种叫作气体扩散法。

相比较来说，铀235较轻，铀238较重。将天然铀制作成六氟化铀（UF_6）气体，然后用膜来过滤，膜是固体的，中间有小孔，让UF_6气体通过这个膜，较轻的铀235跑得快一点，较重的铀238跑得慢一点，因此，通过膜过滤后，铀235就可能比铀238多一点点。通过一次膜过滤，铀235含量能由0.72%提高到0.722%；再通过一次膜过滤，可达到0.724%……这样，通过三千级膜过滤，铀235才能达到百分之九十几。这种提取法，耗电量很大，成本很高。北大技术物理系没有条件去做，于是徐光宪他们便放弃了。

原先在复旦大学任化学系主任、研究分子光谱的吴征铠先生，当时被钱三强指名调到第二机械工业部担任扩散总工程师。后来他就是用这种气体扩散法分离出了铀235，为我国的第一颗原子弹生产出了原料。

第二种方法是离心法，就是将六氟化铀放在高速离心机内旋转。单次分离就可以得到纯度为0.726%的铀235，比气体扩散法的要高。但是，这种方法需要用到高速离心机。北大原子能系请了几位很高明的高级技工，并画出示意图来请他们照着仿制。

徐光宪他们从美国公开发表的文献中还找到了一种提取法，叫作电迁移法，就是利用离子异性相吸的特性来进行成分分离。硝酸铀酰[$UO_2(NO_3)_2$]是一种黄色溶液，其中的UO_2是正2价离子，$(NO_3)_2$是负2价离子。正离子会向负电极聚集，负离子则会向正电极聚集，中间就会产生一个黄色与无色的界面。

徐光宪的故事

科研人员们一天三班倒,连续做了50天的实验,结果得到的样品经 γ 谱仪分析,其铀235的含量竟然超过了0.8%。虽然只比天然铀中的含量提高了0.08%,但是,这已是非常了不起的成绩了。大伙儿都非常高兴,因为这个方法既简单,效果又好。与气体扩散法和高速离心法相比,效果都要显著得多:扩散法单级分离可达到0.722%,离心法可达到0.726%,迁移法却能达到0.81%!

正当大家击掌相庆、欢呼雀跃之时,徐光宪却十分冷静。自从上大学以来,他就养成了凡事重复的习惯,所有的实验都要至少重复一遍,确认无误后才能拿出去发表。但是在那个特殊的年代,人们都习惯于浮夸和夸大成果,有了一点成就就要大放特放"卫星",争着报喜请功,大肆宣传。于是,才做出来一次结果,北大原子能系就敲锣打鼓,马上报到北大党委,北大党委又马不停蹄地报到北京市委。原子能系党组织决定,马上扩大实验,并且准备向北京市政府申请划拨几十万元的实验经费。

这个申请报告需要徐光宪签字,因为他是538项目的负责人。

拿着申报表,徐光宪的手发抖了。他对党组织负责人说:"希望组织上再给我们50天时间,让我们再做一次,要重复一遍确认无误后我心里才有底。仅凭一次实验的结果我怕靠不住。"

他的话说得很委婉。其实他心里最担心的是,如果国家根据一次未经验证的实验结果就草率地投入几十万元的经费,万一要是浪费了,那该有多可惜啊!他深知,当时我们的国家还很

117

穷,几十万元可不是个小数目。

因为徐光宪要求重复实验,党组织负责人便批评他思想右倾保守,后来,把他的538项目负责人的职务也给撤了。

不做领导,就不用在申请报告上签字了。徐光宪建议青年同事傅克坚将硝酸铀重新萃取一下。傅克坚做过以后,结果发现铀235还是0.72%!

经过认真分析和查找原因,徐光宪发现,原来,在萃取过程中铀238的放射性子体钍233被富集了,而因为钍233与铀235的γ波谱峰非常接近,富集的实际上是钍233,而不是铀235。上次实验检测误把钍233当成了铀235。

这一次,做γ谱仪分析的同志很认真,在分析样品萃取以后,先把钍233除去了,然后再做γ谱分析,于是就发现铀235并没有富集。这下也就找到了上次结果虚高的原因。

就这样,徐光宪凭借一贯坚持重复的习惯,为国家挽回了巨大的损失。

1959年12月,徐光宪编写的《物质结构》一书由高教出版社出版。1960年,他拿到了5000多元的稿费。那时候,一个工人月工资只有30多元,一名大学毕业生的月工资也只有50多元。因此,5000多元稿费几乎相当于一个普通职工10年的收入总和,堪称是一笔巨款。

其实徐光宪的家庭生活也并不富裕。1952年,他和高小霞的长女徐红出生;1953年,他们的二女儿徐燕出生;1956年,三女儿徐佳出生。随着家里人口的增加,生活开支也越来越大。但是,徐光宪和高小霞都是对生活质量要求很低的人。在他们看来,钱只要够用就行。他们平常生活简朴,吃穿用都不太讲究,因此两人的工资加起来就已经够用。

1960 年的中国正是三年困难时期的开始,如今,天上却掉下了 5000 多元的"大馅饼",徐光宪本来可以拿它来改善自家的生活。但是,当他看到系里有些老师的生活还比较困难,特别是一些青年教师拖家带口的,生活捉襟见肘,于是,他就萌发了一个念头。

"小霞,这笔稿费我想把它捐给系里,给困难教师改善一下生活。"他把自己深思熟虑的想法告诉了妻子。

"好啊!钱财本来就是身外之物。再说我们的收入足够开销。你平时不是说有了多的钱就要拿来帮助别人吗?"妻子毫不犹豫地赞同。

徐光宪找到了技术物理系的工会主席,把这一大包的现金交给了他。那时候,人民币最大面值只有 10 元钱的,因此 5000元已是很厚的一摞钱了。

徐光宪对工会主席说:"这是我的稿费,请你拿去资助那些有困难的教师吧。"

面对这笔徐教授靠自己的血汗辛辛苦苦挣来的钱,工会主席感动得眼泪都掉下来了,连声答应:"好!好!好!"

"你不要声张,只需悄悄地把钱给需要的老师就行了,千万不要提我。"徐老师又殷殷嘱咐道。

"徐教授,您真是一个大好人啊,只做好事不留名!"工会主席感慨地说。

从那以后,每当拿到论文或者著作的稿费,徐光宪都是当即就捐给系里或者拿来资助有困难的师生,从未拿回家里去。

1961 年,41 岁的徐光宪因为成就突出,被评为北大教授。

制作原子弹的燃料有两种。一种是铀235，一种是钚。徐光宪被解除538项目负责人的职务后，便开始研究钚的萃取。

萃取钚要远比铀235简单得多。在反应堆中加入铀棒，熔解后就可以分离出钚，这是核反应堆的后处理。后处理得到的钚239，其制作流程更简单，成本也更低。

当时，苏联援建了中国的后处理厂，就是404厂。404厂是根据国家发展核武器的需要，从1958年开始建设的中国规模最大的、建设最早的核工业联合工厂。苏联援助采用的是比较落后的沉淀法——通过溶解将一种元素沉淀在溶液底部，另一种元素溶解在液体中，以此来提取铀或钚。这种流程，会产生大量的带有放射性的废水。而如果一次清洗不干净、分离不彻底的话，还要加水继续冲洗，这样就势必增加废水的量。

1960年，中苏关系出现矛盾，苏联把援助专家全都撤走了，连设计图纸也拿走了。沉淀池才修建了一半，便被迫停工。

在这种困难的情况下，1964年，二机部在青岛的燕儿岛召开了一次秘密会议，讨论如何继续兴建后处理厂的问题。

会上出现了两种针锋相对的意见。一种是建议继续完工在建的后处理厂，可以避免已开工的土建工程的损失。但沉淀法的缺点是放射性废水量非常大，工艺落后，当时国际上已经基本淘汰了。另一种意见是完全摒弃沉淀法，另行设计先进的萃取法，缺点是要放弃原先建设的沉淀厂，会浪费一些基础设施。

那时，徐光宪从事核燃料萃取研究已有5年。清华大学也在做核燃料萃取，他们认为用Purex流程效率高、成本低、废水少，技术上没有困难。于是，徐光宪便和清华的同行一道，竭力主张采用萃取法。清华大学方面还保证说,萃取设备他们可以提供。

会议最终对采用萃取法达成了共识。二机部对萃取法的工艺可行性和工程经济性做了大量调查研究、论证、实验。结果证明,萃取法确实比沉淀法先进,具有投资少、成本低、钚收率高等优点。

1964年5月20日,二机部决定后处理厂停止原设计方案采用的沉淀法,改用萃取法流程。

二机部把核燃料萃取法的一些基础理论性研究交给徐光宪,徐光宪完成研究任务就报告给二机部,再由二机部转给404厂。

当时担任404厂厂长的是姜圣阶。姜圣阶是侯德榜的学

1964年徐光宪家拍的全家福
第一排:徐放(左)2岁,徐佳(右)8岁;第二排:高小霞(左)徐光宪(右);第三排徐燕(左)11岁,徐红(右)12岁

生,原先是中国最大化肥厂永利化工厂的总工程师,因为他在化工方面非常有经验,二机部就把他调过去做404厂的厂长。姜圣阶是徐光宪在哥伦比亚大学的同学和好友,虽然他们从事的都是同一项工作,但是出于保密工作的需要,他俩从未直接联系过。

当时,林彪发布命令说404厂是苏联援建的,苏联和美国都知道厂址,没法保密了,因此也不安全,要求404厂尽快搬迁。

姜圣阶接到命令后,借口准备工作来不及,拖延了几个月。后来,他们争取到了周恩来总理的支持,最终没有搬迁。那些反应堆外面的保护层有一米厚,要是搬迁的话,就等于把整个厂都给毁了。

姜圣阶是一位非常敬业的厂长,周总理经常打电话到他的办公室,想找他直接了解工作进展,却总是找不到他人。原来,姜圣阶每次都是钻到了生产车间。北大技术物理系的学生毕业后有不少分到了404厂,大家都非常佩服姜圣阶,认为这是一位敬业、有作为的领导。

在姜圣阶的带领下,404厂用萃取法建立的后处理厂,达到了国际先进水平,不仅废弃量大大减小,成本也大幅降低。他们很快就萃取出了核燃料钚,为我国第二颗原子弹的研制做出了很大的贡献。

非常不幸的是,1992年在一次因公出差中,姜圣阶因为车祸去世了。

第十章

"文化大革命"中的遭遇

　　徐光宪夫妇为人低调朴实，平易近人，因此人缘很好。在技术物理系，他们和工友的关系都很好，所以，"文化大革命"刚开始的时候，群众也不来找他们麻烦，他们几乎没有受到什么冲击。

　　徐光宪在担任放射化学教研室主任时，与系里的支部书记徐云影交往甚好。1965年，徐云影因为党内斗争被赶出了北大。"文化大革命"开始后，又把她请回技术物理系当革命委员会主任，属于聂元梓派。

　　那时，北大校长参加了北京公社，徐光宪也参加了。后来，北大分成了聂元梓派和井冈山派。北京公社并入井冈山派后，徐光宪立即退出来了。虽然当时两派武斗得很厉害，但由于有属于聂元梓派的徐云影的保护，徐光宪并未受到什么冲击。

天有不测风云。正在这时，吴学周出事了。当时，全国上下都在清理阶级队伍，在长春应用化学研究所的吴学周被诬陷成特务，关进了牢房。在严刑逼供下，吴学周的眼睛被打瞎了，他只能把自己认识的朋友徐光宪、高小霞等一百多人都"供"了出来。

就这样，徐光宪和高小霞都分别受到了隔离审查。

红卫兵把徐光宪单独关在一个房间里，为了防止他想不开自杀，就派了三名红卫兵和他住在一起，三班倒轮流看守着他，房间里24小时都开着灯。

红卫兵们倒没有对他实施"刑讯逼供和严刑拷打"，只是天天让他学习《毛泽东选集》，认真交代自己的问题。在此期间，不允许徐光宪再看研究图书和资料，所以，从隔离审查开始，他就完全脱离了科研和教学工作。

这样的隔离持续了半年多。到了最后20多天，每天都要徐光宪学习和交代到凌晨三点，到了六点就又被叫醒了。徐光宪自认清白，心底坦坦荡荡，倒也没有想不开。但是每天如此高强度的学习，让他身心俱疲，几乎都要顶不住了。

这时，一件意外的事情解救了他。

因为承受不了迫害，北大历史系著名教授翦伯赞先生自杀了。这一下子震动了毛主席。他下令，中央警卫队接管北大。警卫队经过审问，发现没什么证据表明徐光宪等人有问题，他们回去汇报也没有乱说话，于是，在徐光宪和高小霞被分别隔离了半年后回到了家中。据说，当时北大一共隔离了一千多人，自杀的有三四十人。

被解除隔离审查回家后不久,徐光宪和高小霞就随同北大的一批教师,下放到江西农村去进行劳动改造。

由于徐光宪在技术物理系,而高小霞在化学系,因此他们参加劳动的地点和从事的工作都不一样。当时,这些北大老师分别编成一个个连队,高小霞和徐光宪的学生黄春辉编在了一个连队,在一家化工厂里工作。

徐光宪被下放到了鲤鱼洲农场。

鲤鱼洲位于南昌市东郊的鄱阳湖畔,方圆55平方千米。1959年,江西拖拉机厂和洪都钢厂等27个单位先后组织人员到鲤鱼洲试办农场,1962年10月正式成立了"国营南昌县鲤鱼洲垦殖场"。在"文化大革命"期间,这里成为中国最大的"五七干校"。在20世纪60年代后期,北大、清华也在鲤鱼洲办分校和实验农场,许多老教授、老学者及新北大人,都到这里来进行脱胎换骨的劳动锻炼接受改造。鲤鱼洲农场除了极少数老农老职工外,是清一色的知识分子和知识青年。清华、北大一共有4000多人(包括老人和小孩),上海和南昌的知青共有8000多人。

分配给徐光宪的任务是和北大数学系的程民德教授两个人一起放养七头牛。每天,他俩都戴着草帽,赶着七头牛出去吃草。牛吃草时,他们还要负责割草,打捆带回去夜里喂牛。因为天天风吹日晒的,两个人的皮肤都渐渐晒得黝黑。程民

在江西鲤鱼洲农场期间,徐光宪与程民德一起放养七头牛

德教授看起来完全就是一位地道的农民，而徐光宪因为戴眼镜，还能依稀看出知识分子的儒雅味道。

1971 年，徐光宪夫妇从江西农场回到了北大。还是原来的领导，又派他们去工地上劳动了几个月。

等到正式回到北大重新参加工作时，徐光宪遇到了一个新的难题。

当时，北大技术物理系已经奉命内迁到三线，搬到了陕西汉中的北大分校，核燃料教研室自然也就不存在了。组织上就安排徐光宪到化学系工作。

隔了十几年，重新回到化学系，徐光宪的心里百般滋味。但是，那时的人们都信任组织，完全服从组织上的分配。

回到化学系，去哪个教研室呢？这是徐光宪可以自己选择的事。

那时，物理化学教研室的力量最强，无机化学教研室最弱。徐光宪便先回到物理化学教研室去，一看，他原先带领的那支科研团队已经七零八落，原先的学生也都改变了研究方向。

无机化学教研室主任是张青莲教授。从 50 年代末开始，无机化学教研室就开始从事稀土分离的研究，但是采用的是离子交换法，费时、费力、效率又低，分离出来的稀有金属钛和锆一点一滴地流出来，就像"滴眼泪"一般。到了"文化大革命"后期，有些教师开始采用萃取分离法来萃取稀土元素。

当时的高校讲究科研、教学、生产的统一，因此化学系建有自己的稀土工厂，以便学生参加实习。无机教研室的黄春辉老师就被派往上海跃龙化工厂，开展稀土元素的分离实验。

"稀土"是历史遗留下来的名称。稀土元素是从 18 世纪末叶开始被陆续发现的。当时人们常把不溶于水的固体氧化物称为土。稀土一般是以氧化物状态分离出来的,很稀少,因而得名为"稀土"。稀土元素是门捷列夫元素周期表第三副族中包括原子序数从 57 到 71 的 15 个镧系元素:镧(La)、铈(Ce)、镨(Pr)、钕(Nd)、钷(Pm)、钐(Sm)、铕(Eu)、钆(Gd)、铽(Tb)、镝(Dy)、钬(Ho)、铒(Er)、铥(Tm)、镱(Yb)、镥(Lu),以及在化学性质上与它们相近的,原子系数分别为 21、39 的钪(Sc)和钇(Y),共 17 个元素。

稀土元素的共性是:(1)它们的原子结构相似;(2)离子半径相近;(3)它们在自然界密切共生,特别是镧系金属的 15 个元素处于元素周期表中的同一个位置,化学性质相似,分离十分困难。

稀土元素通常采取两分法:一是铈族稀土,即从镧到铕的镧系元素,亦称轻稀土;一是钇族稀土,包括从钆到镥的镧系元素以及钪和钇,亦称重稀土。

从稀土中分离出各种单一的元素,是一项极为艰难的事情。而徐光宪是最喜欢有难度的、富于挑战性的工作的。况且,这种元素的分离与徐光宪此前所从事的核燃料的萃取有着异曲同工之处。因此,他决定到无机化学教研室去。

教研室主任张青莲为人宽厚,他真诚地欢迎徐光宪到自己负责的教研室来。

这实际上已是徐光宪第三次转变科研方向了。

稀土元素的运用相当广泛。在金属中添加稀土,可以改善金属的性能,延长其使用寿命;在炼油中使用稀土作催化剂,可提高汽油产量。如果把稀土加入玻璃材料中,则可以制造出五颜六色、色泽鲜艳的玻璃。稀土元素还可以用作激光材料、阴极发射材料、荧光材料、压电材料、磁性材料等,在农业、医学、国防、通信等众多领域都得到了广泛的应用。信息、生物、新材料、新能源、空间和海洋科学六大新兴科技领域,都离不开稀土元素。因此,稀土元素又被称为现代工业的"维生素"。美国、法国、日本等国家早就将稀土元素列为战略元素。

中国探明的稀土蕴藏量居世界之首。而其中最大的稀土矿就在内蒙古包头市的白云鄂博,稀土矿蕴藏量约占全国的90%,全世界的36%。但是,中国稀土工业的发展却不尽如人意。

到了无机化学教研室后,徐光宪很快便加入到稀土元素的萃取研究中。他和黄春辉、陈朝宗、李能等,加上后来陆续由各处转来的吴瑾光、黎乐民、金天柱等几位老师,组成了一个阵容强大的科研小组,一起从事稀土萃取研究。

由于现代稀土功能材料需要高纯度的单一元素,如用于电视的红色荧光粉要求氧化铕的纯度高于99.99%;用于制造高折射率潜望镜的氧化镧,要求其杂质铈的含量小于万分之一;用于激光材料的氧化钕,则要求钐、铕、镝等有害杂质的含量应小于十万分之一。这些都对稀土元素的分离和提纯提出了巨大的挑战。

1972年,国防科工委交给北大一项军事任务:分离稀土中的两个相邻元素镨和钕。镨、钕都是拉丁语,镨的原意是"绿色的孪生物",钕的意思是"新的孪生物"。要把这对难解难分的孪生兄弟分离开来,实在是一件难上加难的事情。可是徐光宪他们不畏艰难,迎难而上。

当时美国和苏联都在宣扬激光武器,称它的速度比炮弹要快无数倍，而且威力强大。激光武器就要用到稀土金属钕。那时，外国已经停止出口这种金属。因此，中国也在加快推进固体激光器的生产，我国的国防部门也把激光炮的研制列为一个重点，这就急需高纯度的钕。徐光宪他们正是在这样的背景下接受了镨、钕的分离任务。

中国虽然拥有全世界蕴藏量最为丰富的稀土矿产，而且很早就开始了稀土的研究，早在20世纪50年代，就有中国科学院长春应用化学研究所、上海有机化学研究所、包头稀土研究所、北京有色金属研究总院、复旦大学等高校和上海跃龙化工厂等多家单位在进行稀土分离技术的探索，但在稀土萃取领域，我国还远远落后于国际先进水平。直到20世纪70年代，我国出口的基本上还是一些稀土精矿和稀土混合物等初级产品，价格低廉，然后再用高昂的价格进口纯度很高的单一的稀土金属。

法国缺乏稀土资源，但却拥有欧洲唯一一家稀土工厂罗纳·普纳克厂，后改名为罗地亚厂。它能够将稀土中的16种元素分别用萃取的方法分离出来。但是，法国对本国的稀土分离技术高度保密，生产过程绝不允许参观。我国曾经计划向法国购买该项技术，但是对方的出价非常高，而且要求生产出来的产品必须全部卖给它，再贴上它的商标向全世界销售。这实际上就相当于在中国建立一个法国的分厂，替它做贴牌生产。

在这种情形下，中国的科学家心里都憋着一股劲，希望研发出自己的分离稀土的高新技术。

在徐光宪接受任务之前，北大化学系已经有一个稀土车间，有的老师负责从稀土中分离出镧，有的负责分离铈，还有的负责分离钇。他们采取一种叫作 P350 体系的萃取法,在包头稀土厂和上海跃龙化工厂进行稀土元素生产,能够从稀土中分离出 50% 是铈、25% 是镧、剩下的 25% 是镨钕的富集物。这些镨钕富集物中含有钐、铕、钆、铽、镝、钬等十多种元素的杂质,大量地堆放在工厂,也不知道该如何处理。

徐光宪带领他的科研团队广泛阅读和了解国内外有关稀土萃取特别是镨钕萃取的文献,从中遴选出可行的办法。

当时,国际上通常采用的一种萃取法,镨钕的分离系数只能在 1.4~1.5 之间。可是如果采用离子交换法,虽然可以得到含量较高的镨和钕,但是投入的成本很高,产量又小,不适合大规模的工业化生产。

通过检索大量信息,徐光宪发现美国矿业局有一份解密的文件是关于镨钕分离的。他们采用胺类萃取剂来进行萃取,优先萃取镨,把水相中的镨钕混合物之中的镨推到有机相,再用一种与钕络合能力较强、叫作"乙二胺四乙酸"(EDTA)的络合剂,把钕拉到水相中。这种萃取体系因此也被形象地称为"推拉体系"。美国人发现采用这种方法可将镨钕的分离系数较通常的萃取法提高一倍多。但是,这种推拉体系单级(一次萃取)分离系数虽然比较好,却不能串级(串联多次萃取)。串级以后,纯度顶多达到百分之八十几,就怎么也上不去了。于是他们觉得这种推拉体系没有实际用途,就把它解密了。

别人做不成功,不等于我们也做不成功。徐光宪看到美国科学家的研究成果,心里就一直在琢磨:为什么单级萃取的效果很不错,能提高到 86% 左右,而一次接一次不断地加级,进行串级萃取,进行了 10 次、20 次,也提高不了多少呢?

经过反复的思索,徐光宪终于找到了原因。原来,水相里面的镨钕混合物,如果最初有 2 个克分子浓度,即 2 摩尔,加入 1 摩尔乙二胺四乙酸络合剂,则 2 摩尔的镨钕混合物中就有 1 摩尔会被络合,另外 1 摩尔被萃取到有机相中。第一次萃取结束后,水相中的稀土只有 1 摩尔,而络合剂乙二胺四乙酸也是 1 摩尔,因此,当用有机相进行第二次萃取的时候,稀土就萃取不上去了。因为乙二胺四乙酸的络合能力很强,它将 1 摩尔的镨钕混合物完全络合了。找出问题后,徐光宪他们就想到,有机相中也必须有稀土,这样,有机相中的稀土同水相才可以实现交换,其纯度才有可能不断提高。

那么,如何才能使有机相中也有稀土呢?

徐光宪尝试用氨水对酸性萃取剂进行中和,使有机相中含有铵离子,铵离子能与水相中的稀土离子进行交换。这样,就能提高分离后镨钕的纯度了。

在络合剂方面,他们也尝试用二乙三胺五醋酸根(DTPA)替换乙二胺四乙酸,这种络合剂的分离效果更好。

就这样,换了萃取剂和络合剂后,徐光宪研究出了季铵盐(甲基三烷基铵)—DTPA "推拉" 体系,从而将镨钕分离系数从通常萃取体系的 1.4~1.5 提高到了 4 以上。

人工配置的镨钕混合物含有 75% 的氧化钕和 25% 的氧化镨,使用徐光宪他们发明的季铵盐络合交换萃取体系,用 12 级串级萃取,获得的氧化钕的纯度就达到了 99.95%。这实在是一个很了不起的成就!

但是,徐光宪他们并没有停止脚步,而是乘胜追击,扩大战果。他们接着将萃取流程优化为 10 级萃取、10 级洗涤,在分液漏斗串级试验中，获得了纯度为 99.9% 的氧化钕和纯度达 99.9% 的氧化镨，而且镨和钕的收率都在 99% 以上。

美国人认为不能够实现的串级的方法，徐光宪他们却运用串级萃取理论把它做成功了，而且把纯度提高到了 99.9%。

得知北大实现了如此重大的突破，最高兴的要数包头稀土三厂的厂长，因为包头三厂有好多的镨钕富集物，一直像垃圾一样堆积在那里。于是，他就到北大来找徐光宪，诚恳地请求教授们支援。

徐光宪答应了。

但是，实验室取得的成功能否放大到工业化的大规模生产中呢？对此，他也并非胸有成竹。

北大有一个产、学、研结合的稀土车间。徐光宪他们运用自己发明的推拉体系，先在这个车间里做实验，结果成功地分离了镨和钕。紧接着，包头稀土三厂就把他们请去，在他们那边尝试，也取得了成功。

这实在是太好了！

得知车间实际应用获得成功，厂长兴奋得紧紧地握住徐教授的手，连连道谢。

在传统的稀土萃取中，有一种采用的是阿尔德斯的"液液萃取理论"。但是，这一理论只能确定萃取段需要多少级，洗涤段需要多少级，这些级数可以计算出来；但还有一些重要的工艺参数，如料液进去的流量和浓度，萃取剂的流量和浓度以及用酸将稀土元素洗下来所需洗液的浓度和流量等都无法确定，只能依靠"摇漏斗"的方法来弄清楚。

所谓的"摇漏斗"，就是将稀土混合溶液加入萃取剂后，装进底部带有开关的漏斗形液槽中,然后放在振动架上进行机械振动;经过一定时间的振动后,液槽中水相和有机相分层,再让它澄清下来,然后经底部开关分别取出;再将它们分别装入另外两个液槽中,再分别进行振动、澄清、取出……不断地重复上述过程,直到平衡状态,使稀土纯度达到实验的要求,一般是99%~99.9999%。这样,小试才算完成。

小试成功后,需要进行中试,也就是"中间试验",将稀土混合溶液放到混合澄清槽中重新进行实验和验证。中试后,再拿到工厂里去进行扩大试验,简称"扩试"。如果扩试也获得了成功,那么就表明一种新的生产工艺被研发出来了。

在萃取稀土元素时,一般先凭经验确定流量比、级数、进料位置等工艺参数,然后再逐个调整这些参数,改变实验条件。对每一个实验条件,都需要经过成百上千次的重复的"摇漏斗"才能达到要求的纯度。

"摇漏斗"是一个十分漫长的过程。要完成一个流程,即使工人们三班倒 24 小时不停地摇,最快也需要几个月,慢则一年多。那时候,徐光宪和大家一道,承担起了各种繁琐细碎的工作。

"摇漏斗"实在辛苦,而且效率低下。于是,徐光宪就在琢磨,串级萃取应该存在着某种规律,能否推算出一个公式,运用它来计算各种工艺的参数?

徐光宪在实验中更加细心地注意观察和数据的记录。回到家后,他就对这些数据进行认真分析。

结果,他发现各级水相和各级有机相中的稀土总浓度都分别是恒定的,由此可以推断,萃取段各级的混合萃取比也应该是恒定的。根据这一大胆新假设,徐光宪开始进行各种工艺参数的推算,然后再运用到"摇漏斗"的实验中,再用实验的结果来修正相关的参数。

在那段时间里,徐光宪不停地给自己提出新问题,然后想方设法寻找答案。经过反反复复地实验、思考、修正、计算,稀土萃取最优化工艺参数所需的全部理论公式终于都被他推导出来了。

针对单一稀土产品的高纯度要求(99%~99.9999%),徐光宪又提出了"纯度对数求级数的作图法",大大提高了高纯度稀土分离中萃取级数的计算精度。而应用他提出的基于混合萃取比恒定的级数计算公式,可以准确地计算萃取和洗涤的级数,料液、萃取剂、洗液的流量和浓度比。由此,他创建了稀土分离的串级萃取理论。这在国际上都是第一次。它标志着我国的稀土萃取技术达到了世界领先水平。

徐光宪在研究分离萃取时,先得到了镨和钕这两个产品。但是在实验中却发现,镨钕富集物中镨、钕、镧和钐、铕、钆等均未除净,其他产品并没有被分离出来,这些产品不断地积淀在分离槽中,从而影响到了镨和钕的纯度。

于是,徐光宪萌发了这样一个念头:可以再开辟一个出口,把分离槽中的钐、铕、钆等稀土元素在分离过程中放出来。也就是在萃取槽中间的某级增设第三出口,使采用单一工艺便可同时获得易萃取、难萃取组分两个纯产品和一个中间组分的富集物,通过一个流程就能同时获得三个产品。前面两个出口始终可以得到纯度很高的镨和钕,第三个出口还可以得到其他稀土元素。这样他就发展出了"三出口工艺"。

1974 年 9 月，徐光宪又到包头稀土三厂进行工业试验，在钐浓度最大的萃取第 13 级开了第三出口，将钐的富集物引流出来。通过这一工艺，不仅保证了钕的纯度，而且还增加了一个钐的富集物产品。

1975 年，徐光宪再赴包头稀土三厂实验，成功地以除铈轻稀土为原料，在 80 级槽中同时获得了 99.9% 的氧化镧、99.5% 的氧化镨和 99.9% 的氧化钕，并在第三出口得到了钐、铕、钆富集物。

在此基础上，徐光宪进一步提出了三出口分级分流萃取工艺的各种原则和方法，推导出了分离指标与出口分数的关系式、萃取段和洗涤段最小萃取量公式等，从而简化了稀土分离工艺，增加了生产产品的品种，降低了工业化生产的成本，提高了经济效益。

发明了串级萃取和三出口工艺以后，稀土萃取便省去了"摇漏斗"的繁琐的程序和步骤。这项技术很适合在我国推广。

1975 年，在全国稀土会议上，徐光宪报告了自己的串级萃取理论，引起了与会者的关注。大家强烈要求他举办一个讨论班，将他的研究成果拿出来与大家一起分享。

考虑到办班要从全国各地来很多人，接送、会务、食宿安排都非常繁重，北大就没有接下这项事务。但当时，上海跃龙化工厂非常积极，主动提出来要来承办这个讨论班。

1976 年，上海跃龙化工厂举办了全国串级萃取理论讨论班，由徐光宪教授负责主讲。学员来自中国科学院、冶金部以及各大高校和一些工厂，一共有一百多人。在讨论班上，徐光宪详细介绍了自己的串级萃取理论。学员们回去后就开始在实践中运用这一理论。

1978 年，徐光宪发表了有关串级萃取理论的两篇论文《串级萃取理论Ⅰ、最优化方程及其应用》《串级萃取理论Ⅱ、纯度对数图解法》。他的理论成果在稀土分离中得到了较为广泛的应用。在高纯氧化钇、高纯氧化镧、高纯氧化钆及氧化镨、钕的分离提纯工艺流程中，都应用了徐光宪串级萃取理论的工艺参数，达到了预期的分离效果，其中有些工艺流程还根据徐光宪理论计算的结果调整了原先的工艺参数，使产量得到了提高，单耗得到了降低。这就意味着徐光宪的串级萃取理论得到了实践的检验，获得了成功。

1992 年，邓小平同志在南方谈话中指出："中东有石油，中国有稀土。中国的稀土资源占全世界已知储量的 80%，其地位可与中东的石油相比，具有极其重要的战略意义，一定要把稀土的事情办好，把中国稀土的优势发挥出来。"

稀土是中国的一大资源优势，开发利用好珍贵的稀土资源，是中国几代科学家梦寐以求、刻苦攻关的科研项目。徐光宪运用串级萃取法在稀土提取方面获得了巨大成功。

我们通常所说的"萃取"或"溶剂萃取"，指的是原先溶于水相的被萃取物（一般指无机物）与有机相接触后，通过物理或化学过程，部分地或全部地转入有机相的过程。"萃取分离"或"溶剂萃取分离"，指的是含有被分离物质的水溶液与互不混溶的有机溶剂接触，借助于萃取剂的作用使一种或几种组分进入有机相中，而另一些组分则仍留在水相中，从而达到分离的目的。徐光宪等人创造的"串级萃取"，则是把若干个单级萃取器串联起来，使有机相和水相多次接触，从而大大提高分离效果的萃取工艺。

以前，徐光宪他们进行萃取实验采用的都是既费时又费力的"摇漏斗"的方式。1979 年以后，徐光宪采纳了北大数学系徐献瑜教授的建议，采用计算机模拟进行"摇漏斗"实验，取得了成功。在当时的北大，计算机还非常稀罕。他们使用的计算机，装在了北大南北阁的北阁。计算机的计算速度，远远快于人工计算。

在此基础上，徐光宪他们建立了稀土串级萃取"一步放大"新工艺设计专家系统。应用这套系统，可以根据我国不同的稀土资源、不同的原料组成以及不同的产品纯度规格及收率要求等，在几天之内设计出优化的分离工艺流程和参数，并可将设计参数不经过传统的小试、中试、扩试和工业试验，而直接应用于工业生产，从而大大缩短了新工艺从研发到转化为生产力的周期。

他们还建立了包括"三出口"分离工艺、"轻、中、重稀土元素的全分离"、"高效的新启动方式"、"高纯中重稀土萃取分离"、工艺衔接中的"稀土皂化"和"稀土洗涤"等多个稀土分离的新工艺流程。

徐光宪的这些系列的理论和技术的应用，逐渐成为我国稀土分离工业通用的理论和技术，从根本上改变了我国稀土分离工业水平落后的面貌，引导并推动我国稀土分离工艺的研究和生产达到了国际领先水平。

这些了不起的成就使我国单一高纯度稀土产品的产量不断增长。1986 年，我国超越了美、法、日等原先的稀土生产强国，从此稳居世界第一。我国从稀土资源大国跃向了稀土生产大国,迫使美国、日本稀土分离厂停产,世界最大的法国罗地亚厂减产。

外国的同行看到中国取得了如此巨大的进步,都大声惊呼,这是稀土领域的"CHINA IMPACT(中国冲击)"！

此后,中国稀土开始以大量高纯度、高附加值的质优价廉的产品打入国际市场。1991年中国稀土出口量约为8042吨,单一稀土出口量达2100吨,创汇额超过了原料级产品的创汇额。

中国稀土的大量出口,促使国际稀土价格下降了3/4以上。目前,我国稀土的出口大约占全世界的95%。

第十一章

回归"老本行"

1978 年，国际国内的形势都发生了很大的变化。在中国，"两弹一星"的任务基本完成，邓小平恢复工作，出任中共中央副主席、国务院副总理。

3 月 18 日，中共中央、国务院在北京隆重举行全国科学大会，有 6000 人出席。这次大会是中国共产党在粉碎"四人帮"之后，国家百废待兴的形势下召开的一次重要会议，也是中国科技发展史上一次具有里程碑意义的盛会。

邓小平在开幕式上发表了重要讲话，号召全国科学工作者"树雄心，立大志，向科学技术现代化进军"。在这次讲话中他明确指出，"现代化的关键是科学技术现代化"，"知识分子是工人阶级的一部分"，重申了"科学技术是生产力"这一马克思主义的基本观点，从而澄清了长期束缚我国科技发展的重大理论是非问题,打开了"文化大革命"以来长期禁锢知识分子的桎梏,迎来了科学的春天。

科学大会的召开,使徐光宪受到了巨大的鼓舞。

就在这时,钱三强再次来到北大。他很郑重地对徐光宪说:"50 年代因为国家需要,把你从量子化学本行调到原子能战线。你服从组织分配,毅然主持放射化学专业,为国家培养了急需的人才。现在,你可以回到你热爱的量子化学专业了。"

徐光宪感谢组织上的关心和安排,愉快地接受了新的工作。

就这样,在时隔 20 多年之后,他又回到了自己的老本行量子化学领域,同时也仍然继续自己在稀土方面的研究。

1978 年 9 月,徐光宪与自己的研究生、现在的同事黎乐民教授合作,招收了 10 名量子化学方向的研究生。同时,他们还为中国科学院化学研究所和南开大学开设了一个量子化学研究生班,共有 20 名学员。

研究量子化学需要具备较强的数学和物理基础,包括线性代数、群论、复变函数、数学物理方程、理论力学、电动力学等,然而这些课程大学化学系毕业的学生大都没有学过。如果要给这些研究生将这些课程一一补起来,将耗费大量的时间。于是,徐光宪和黎乐民合作为量子化学专业的研究生专门编写出厚厚的讲义用于教学。1980 年起,这些讲义陆续结集为《量子化学——基本原理和从头计算法》上册、中册和下册,由科学出版社出版。徐光宪延续自己编写教材的特长和优势,在这三部教材中,都力求深入浅出,使大学化学系本科毕业生都能看懂,对于必要的数学、物理学基础知识也在书中做了简明的介绍。这样一部专门针对数学、物理基础较弱的化学系学生编写的教科书，在国内外都没有，因此很有自己的特色，深受学生们的欢迎。

起初，徐光宪在稀土研究方面取得了一些突破，但是并没想到拿出去发表，所以一直以来，国内外稀土化学界对他的名字还很陌生，他的学术成果也没能得到承认。

1980 年，徐光宪在讲课

1976 年到 1978 年，徐光宪因为要举办串级萃取理论学习班，专门撰写了讲义。随后他根据自己的这份讲义撰写了两篇论文。这两篇论文因为是研究萃取化学的，属于化工领域，本来应该在《化工学报》之类的专门的学术刊物上发表，但是当时国内从事萃取研究的专家对他的理论提出了质疑。这种质疑并不是对这套理论是否严谨可行而提，而是对徐光宪本人的研究专业和方向表示怀疑。他们认为，他本来是研究量子化学的化学家，并不熟悉化工领域。

无奈之下,徐光宪只好把自己的论文交给了《北京大学学报》发表。

在科学发展史上,情形往往都是这样。如果你在哪个领域取得了突破性的成就或创新,常常会受到多数人的质疑;而如果你只是在别人已经取得的研究成果的基础上,稍微向前推进了一步,反而更容易得到别人的肯定和赞赏。徐光宪心里明白,别人对自己的成果的怀疑是完全可以理解的,因此,他能够做到坦然面对。

在论文发表受到质疑的同时,对徐光宪科研成果的评定以及他的串级萃取理论也引起了争议。

国家自然科学奖是我国在自然科学研究方面的最高奖项之一,授予在数学、物理学、化学、天文学、地球科学、生命科学等基础研究和信息、材料、工程技术等领域的应用基础研究中,阐明自然现象、特征和规律,做出重大科学发现的中国公民。授奖的条件包括:(1)前人尚未发现或者尚未阐明;(2)具有重大科学价值;(3)得到国内外自然科学界公认。1956 年,评选过第一届国家自然科学奖。"文化大革命"结束后,国家自然科学奖也恢复了,并于 1982 年举行了第二次颁奖。

徐光宪想到,他和自己的研究团队在络合物化学、萃取化学、串级萃取理论方面都做了许多工作,取得了不少成果。于是,他们将这三方面的工作都拿去申报国家自然科学奖。然而,评审专家认为徐光宪是从事量子化学理论研究的,他的串级萃取理论前所未闻,是个全新的理论,所以在评审的时候,争议很大,最终被评委们否定了。

好在科学终究是科学,真金不怕烈火炼,科学的理论可以通过实践反复的检验。在工业生产中,徐光宪的萃取理论得到了成功的应用,获得了巨大的经济效益。随着时间的推移,徐光宪团队的研究成果不断受到国内外同行的关注与肯定。

1990 年,黄春辉带团出国访问,原计划要参观法国的一家稀土工厂。事先联系时,法国稀土工厂方面同意代表团前去参观,但是当法国接待方再跟工厂方面联系时,这个厂却以仪器正在检修等为由,不让去参观了。可是,当黄春辉带领的代表团去其他地方访问和做报告时,法国的这家工厂却专门派了两个人一直跟随着代表团;代表团去了德国,法国的这两个人也一直跟着。后来才弄清楚,原来,法国这家工厂开始害怕中国的稀土研究,想从我们的代表团那里弄到一些有用的情报呢。随着中国分离出的稀土的纯度和质量都超过了外国,包括世界最著名的稀土工厂——法国的罗地亚厂也意识到自己的产品竞争不过中国时,他们便不得不关注徐光宪的串级萃取理论了。

1992 年, 在第四次中日政府间稀土经贸学术交流会上,徐光宪等人提出的稀土"一步放大"技术令日本稀土学会会长盐川二郎感到无比惊异,觉得简直是不可思议。徐光宪的研究成果终于逐渐得到了国内外化学同行们的认可,并不断摘取各种奖项和荣誉。

1978 年,徐光宪团队的研究成果获全国科学大会奖。1985年获国家经委颁发的奖励和荣誉证书,"串级萃取理论及其在稀土和金川钴镍分离中的应用"获得国家教委科技进步一等奖。到了 1987 年的第三届国家自然科学奖评选时,"串级萃取理论及其应用"终于获得了一个三等奖。

1988 年,"轻稀土三出口萃取分离工艺理论设计及其工业实践"获得国家教委科技进步二等奖;1989年获冶金部和全国稀土推广应用领导小组颁发的科技进步二等奖;1990年获得广东省科技进步一等奖。1991年,徐光宪团队以"稀土萃取分离工艺的一步放大"成果,获得国家科技进步奖三等奖。

与成果相伴随的是荣誉。1980年,徐光宪和妻子高小霞双双当选为中国科学院学部委员,即后来通常所称的院士。像他们这样的院士伉俪,在全国都是很罕见的。况且他俩还有众多的相同之处,所以便成为人们口中津津乐道的佳话,也是高校科技界的一段传奇式美谈。

1927年,上海交通大学首次招收了8名女生入学,开交大男女生同校之先河。这件事在当时轰动一时。

1940年,徐光宪和高小霞同时考入上海交通大学化学系,成为同班同学。

上海交大老校长黎照寰曾经诙谐地说过:"交大 Girl 必嫁交大 Boy,利权不得外溢。"许多男女同学在日常的交往中碰撞出了爱情的火花,毕业后便结为了人生伴侣。徐光宪和高小霞正是在交大结识,互生情愫,后来又幸福地走到了一起的一对同学夫妻,正好应验了黎校长的名言。

回忆起当年的往事,徐光宪说:"那时上大课时,几个班级的同学都在同一个教室。女同学坐在第一排,男同学按进校时的成绩高低,分坐二、三、四排。我坐在第二排,正好在高小霞的后面。几年下来,相互之间有了比较多的交流和了解。毕业后又同时在上海宝华化工厂工作。不久,工厂倒闭,我在母校老师的推荐下,回交大当助教。高小霞在母校老师的介绍下到中央研究院化学研究所工作。那时我们在上海结的婚,有很多交大的教师和同学都参加了我俩的婚礼。所以说,我和高小霞成为伉俪,可谓是母校做的媒。"

是啊,校园是属于青春的,属于年轻的爱情的。古往今来,在这片纯洁的乐园里,在同窗交好的过程中,曾经涌现出多少的爱情佳话、爱情传奇……

1944年徐光宪和高小霞同时大学毕业;1951年,两人同时从美国回来参加祖国建设;1964年两人又同时当选为第三届全国人大代表。

两人还有许多的相同之处。他俩同是出生于浙江。1968年,两人同去江西"五七干校";1971年同回北京大学继续任教;1978年同时当选为第五届全国政协委员,后又都连任第六、第七届全国政协委员;1980年同时当选为中科院学部委员;1981年同时被批准为全国首批博士生导师,并担任国务院学位委员会理科评审组成员;1989年同时赴澳大利亚参加第三届亚洲太平洋化学大会,徐光宪当选为亚洲化学会主席;1992年同时被邀请去香港讲学,同时获得国家自然科学奖、科技进步奖等多种奖励……

这对"十同"夫妻,真可谓是世所罕见的爱情传奇。

20世纪80年代初期,徐光宪领导的科研组在无机化学、配位化学和萃取化学等方面的研究成果逐渐为人所知,也受到了国际同行的高度关注。国际纯粹与应用化学联合会向徐光宪发来信函,提议由北京大学来承办第二十五届国际配位化学会议。

国际纯粹与应用化学联合会是化学领域一个颇具影响的国际性组织,能够由我国来承办这样一个高规格的国际学术会议是非常难得的。于是,徐光宪立即向化学系领导作了汇报。

当时,正值改革开放的初期,人们对举办国际学术会议并没有多少认识,普遍认为这是一件特别费钱的事情,因此,大家的热情都不高。化学系对承办这样一次会议存有疑虑,积极性不强,当时的北大校长也不热心支持此事。后来,大家才知道,举办这样一次国际会议,虽然开始时需要投入一些经费,但是与会者都要缴纳一笔不菲的注册费,因此,到最后结算时,承办方不仅不会赔钱,反而还会有一些盈余。

北大不愿意接手举办这样一次难得的国际会议,那么难道就直接放弃,白白地放过这样一次宝贵的国际学术交流的好机会吗?

徐光宪思前想后。他想到,如果由我国来举办这样一次国际会议,就可以有更多的中国学者参加交流,了解该学科的世界水平,开阔眼界,增加沟通的机会,是一件难得的好事。如果轻易放弃这次机会,实在太可惜了!于是,他便同自己比较熟悉的南京大学的同行联系,询问南京大学有无兴趣承办这次会议。

没想到,南京大学非常乐意承办。南京大学还热情地邀请徐光宪担任大会主席。

这次会议开得很成功,南京大学方面非常高兴。通过这件事,也加深了南大和北大的友谊。

几乎与此同时,当时的国家教委针对我国无机化学研究比较弱的现状,专门举办了一次全国化学会议,北大化学系委派徐光宪教授出席。在这次会议上,国家教委的领导对徐光宪明确地表示,北大的基础比较好,建议北大成立一个无机化学研

1987 年 7 月，徐光宪在南京大学主持第 25 届国际配位化学会议

究所。

这是一个大好消息，只要北大去国家教委申请，就一定会得到批准。而这对于促进北大基础学科的研究势必会起到有力的推动作用。

回到学校后，徐光宪及时地把这个信息报告了化学系无机化学教研室主任张青莲院士。张青莲主任也认为这是一个非常好的机会，大力支持。于是就由化学系起草了一份在北大建立无机化学研究所的报告。

谁也没料到，上报的时机不对。那时，丁石孙刚刚出任北大校长不久，他批示说自己对北大的情况还没有摸清楚，关于创建新机构的事宜一律暂时冻结。学校领导不肯上报，张青莲主任也毫无办法。结果，北大无机化学研究所最终没能建起来。

这又给了南京大学一次绝好的机会。

　　1986 年,南京大学提出,他们要创办一个配位化学研究所。得知这一消息,徐光宪感到很高兴,一方面因为自己同南大有着很深的交往,了解他们的科研实力;另一方面,在他看来,无论是北大还是南大,创办起专门的化学研究所,对于中国无机化学的发展都是一件大好事,国内的兄弟院校应该团结起来,一致对外。

　　国家教委专门召开了一个论证会,聘请一批专家来评议审核南京大学是否适合创立配位化学研究所。因为徐光宪原本希望在北大创办无机化学研究所,所以,国家教委方面认为徐先生的意见非常重要,便邀请他出任关键的评审委员。

　　但是,徐光宪此时却不在国内。

　　原来,1986 年 10 月,日本科学振兴会特邀徐光宪为高级访问教授,到东京大学、京都大学、东京工业大学、冈崎国立研究机构的分子科学研究所等访问并做学术报告,待遇比日本的教授还高。

　　得知评审会议就要召开了,徐光宪匆匆中断了自己的访问行程,在举行论证会的四天之前赶回国内。

　　在论证会上,徐光宪积极支持南京大学成立配位化学研究所的申请。

　　就这样,南大的配位化学研究所成立了。

　　然而,南大的配位化学研究所一成立,北大要想再申请成立无机化学研究所就很难了。于是,徐光宪就想,搞无机化学研究所这个设想不成功,那么,能否抓住稀土研究这项北大的专长,成立一个稀土研究所呢?

　　后来,经过各方面的权衡研究,这个专业性的稀土研究机构被命名为"北京大学稀土研究中心"。"研究中心"似乎要比"研究所"稍微低一点规格。

1986 年 10 月，北京大学稀土研究中心正式挂牌，徐光宪亲自出任所长。他这个所长一当就是 13 年，直到 1999 年 9 月严纯华教授接任为止。

北京大学稀土研究中心成立后，承担了国家自然科学基金的重大项目，研究工作在原有基础上有了很大进展。

徐光宪是一个有想法并且有办法的人，敢于将自己的设想转化为实际的行动。在北京大学稀土中心成立后，他想争取北京市政府的支持，在北京化工五厂建立一个稀土科研—生产联合基地。但由于种种原因，他的这一提议也未能实现。

徐光宪非常执着，痴心不改，坚持要创立一个稀土材料化

北京大学稀土中心师生在颐和园合影（第一排右二为黄春辉，右三为吴瑾光，第二排右四为徐光宪，右五为金天柱）

学及应用方面的重点实验室。

正所谓"苦心人，天不负"。1989 年，国家出台了一个利用世界银行贷款支持重点学科发展的计划，徐光宪得知后，又竭尽全力去争取。

这一次，学校领导给予了积极的支持。北京大学提出申请，要求在化学系创建"稀土材料化学及应用国家重点实验室"。

但是，在立项的专家论证会上，徐光宪的这一申请差一点没有通过。但最终，徐光宪的执着和坚持感动了评委们，北京大学稀土材料化学及应用国家重点实验室顺利获得批准成立。徐光宪希望建立一个比较稳定的科学研究与人才培养基地的梦想终于实现了。

就在大家纷纷向他表示热烈祝贺，并且认为徐先生理所当然、确定无疑地会出任重点实验室主任的时候，徐光宪却做出了一个惊人的举动——为了培养年轻人，他放弃了亲自出任主任的机会，反而推荐自己的学生黎乐民教授担任重点实验室学术委员会主任和实验室主任。

黎乐民教授，广东电白人，1935 年生，这时才 54 岁，正是年富力强的时候。1987 年他的研究成果"应用量子化学—成键规律和稀土化合物的电子结构"获得国家自然科学奖二等奖。1991 年，他当选为中国科学院学部委员（院士）。

1991 年 3 月，徐光宪带领他的研究团队，亲自起草了约 6000 字的《国家攀登计划"稀土科学基础研究"项目建议书》。

《建议书》分为五个部分：意义、国外概况、国内概况、主要研究工作内容、预期取得的成果等。研究内容包括：稀土分离化学中的基础研究；新一代稀土永磁材料和稀土固体物理的基础研究;稀土发光材料和其他新型材料与稀土固体化学和物理的基础研究;稀土配位化学、多核配位物和原子簇的基础研究;稀土生物化学及其在农业、医药应用中的基础研究;稀土物理化学和稀土本征性质的基础研究等。

这个项目由于拥有实力强大的科研团队,目标明确,方案切实可行,因此,在评审时顺利获得通过,被列为国家重大科研项目。

在随后的五年多时间里,徐光宪科研团队对稀土串级萃取理论进行了深入的研究,改进了理论模型,重新推导优化参数设计的全部公式,建立了计算方法和程序;在新萃取分离体系和萃取动力学研究中,研究了更为优异的新体系和新工艺,纠正了前人的一些错误;在串级萃取理论的应用方面,编写了南方离子吸附型矿混合稀土的萃取全分离"一步放大"优化设计程序在各大厂推广应用,结果,仅 1994、1995 两年就累计增加8.6 亿元产值。他们研制成功了新型的永磁材料,高性能的 1:12型 Nd-Fe-B 和 Pr-Fe-N 磁粉,被鉴定为具有世界领先水平的首创发明,这是我国具有完整知识产权的稀土永磁材料,打破了外国专利对我国生产稀土永磁粉的限制。五年间,该重大项目课题组发表的论文有 22 篇被 SCI 收录,并被广泛引用,其中"氮(碳)间隙原子效应与新型磁性材料研究"获国家教委科技进步奖一等奖。课题组成功研制出 X 射线图像存储板,并投入实际应用,获国家教委科技进步奖甲类二等奖,并获得了发明专利。

1996 年 11 月,徐光宪领导的这个重大项目课题顺利结项。

1999 年 9 月 10 日,以黎乐民为主任、严纯华和陈志达为副主任的北京大学稀土材料化学及应用国家重点实验室因为成绩特别突出,被国家科技部评定为 A 级。得知这一喜讯,徐光宪感到无比的欣慰,因为自己数十年来付出的心血终于得到了回报。

中国的稀土理论和工艺研究都走在了世界的前列,占据世界领先水平。这时,外国许多工厂和研究机构都纷纷派人到中国来学艺。

那时候,中国的知识产权保护意识还相当淡薄,我们的科学家根本就没想到应该将自己的研究成果拿去申请专利,如果这样做了,别人要使用的话,就必须付给专利费。在 20 世纪七八十年代,科学家们认为研究经费都是国家拨款的,所以他们的研究成果自然也应该属于国家。然而,国家是一个十分抽象的概念,具体来说,属于国家就是属于全民所有,就是将研究成

2003 年,徐光宪在北京大学稀土材料化学国家重点实验室工作（左三为徐光宪,左一为严纯华）

果应用到国营厂。长期以来,社会主义制度追求的就是大家互帮互助,兄弟单位要是来取经学习先进技术,大家总是非常欢迎,而且毫无保留地全盘托出,全心全意地传授。那时还没有私营厂,全部都是国营厂,徐光宪他们认为,将自己的先进技术在全国进行推广应用是天经地义的,而且,能亲眼看到自己的成果得到推广并且产生很好的经济效益,心里非常高兴。因此,大家的保密观念和知识产权意识几乎等于没有。

由于缺乏知识产权保护意识,我们对外国的同行也缺少防范意识。1980 年,徐光宪在参加国际萃取化学会议时,报告了自己已经获得成功的稀土分离推拉体系,参会的法国罗地亚厂的专家非常感兴趣,详细询问了各种问题。徐光宪几乎是想都没想,就把自己的研究成果全都告诉人家了。而在同年由中国科学院组织、由徐光宪任团长的中国稀土考察团在访问法国时,对方接待得很热情,但拒绝徐光宪他们参观罗地亚公司的要求,把所有的萃取剂和工艺参数都定为"绝密"。

徐光宪等人研究出的先进的稀土分离技术在全国推广后,法国罗地亚公司也到中国来,主动要求和江苏溧阳稀土分离厂合资,采用我国更为先进的工艺。但在合资过程中,大家根本没想到要提出技术股权的问题。相反地,当年我国想要购买罗地亚公司的技术,人家却只愿意用技术来同我们合作办厂,等于就是拿技术作为投资,算作重要的股权。

稀土分离技术大大进步了,我国的稀土产品产量飙升,对世界市场形成了令人惊讶的"中国冲击"。然而,那时大概谁也不会想到,这个冲击最终也会冲击到我们自己。

到了 20 世纪 90 年代,由于大家都缺乏知识产权保护意识,徐光宪他们最不愿意看到的一个现象出现了。那时,为了推广自己的研究成果,徐光宪到上海跃龙厂、珠江冶炼厂、包头稀土厂等三个国营大厂,每天就住在厂里,为工人们办学习班。由于徐光宪他们的萃取方法比较好,利润很高,结果,开始大量涌现的地方厂和私营厂都想搞这一块。因为是私企,灵活性更强,他们用高薪从国营厂那里挖走了总工程师、技术人员。于是,就在江苏等地冒出了几十家稀土厂。全国稀土产品的年产量达到了 12~15 万吨,而那时全世界的总需求量只有 10 万吨。结果因为供大于求,导致恶性竞争,国内的稀土厂纷纷自我压低价格,使国际稀土价格大幅下降到了 1985 年价格的一半。日本、韩国等趁机大量进口我国廉价的高质量单一稀土。日本更是放弃了对本国稀土矿产的开采,而将从我国大量进口的稀土沉入海底,作为珍贵的战略资源储备起来。在外国大肆享用我国的技术进步所带来的丰厚利润的同时,我国稀土厂的利润反而大幅下降。自 1995 年至 2005 年的 10 年间,我国每年出口的稀土损失达几亿美元。

看到国内稀土行业的恶性竞争,稀土价格一路狂跌,徐光宪感到十分遗憾和痛心。

徐光宪深入探究了这种状况产生的原因。他的结论是:从 20 世纪 80 年代起,我国的私营和地方企业看到稀土分离技术领先国际,利润丰厚,就从国营稀土企业中把总工程师或副总工程师挖来,大量重复建设稀土厂,结果达 100 家之多,分离稀土生产能力超过了全世界的需求量。这种供大于求的情况,造成单一稀土价格比 20 世纪 80 年代的还低,使我国稀土企业在低利润下运营。我国单一稀土生产和外贸已占世界份额的 90%,

但却没有决定和控制国际市场稀土价格的权利。

徐光宪也深入反思了我国在知识产权保护方面存在的严重缺陷,发明一直没有专利保护。我国直到1980年才成立了中国专利局(1998年后改称知识产权局),1985年成立国家版权局,专利保护和知识产权事业才逐渐起步。而在国外,对专利的保护历史却长达二三百年,就像爱迪生发明电灯、唱录机都有专利,他从中获取的专利使用费就足以支持其继续开展研究所需要的大笔经费。在我国,由于长期缺乏专利保护和知识产权保护,因此,一个厂花了很大的财力、物力和人力研发出来的新产品、新工艺,别的厂可以轻易地仿造。如此一来,那些注重研发的工厂就可能无利可图,因此就没有积极性了。而如果投产以后,又开发不出新的产品,它的盈利也会相当有限。这些都极大地束缚了我国科研人员原创力的发挥。

特别是在西药新药品的研制方面,一个新药的研发过程通常需要10年左右的时间,可能需要投入超过10亿美元的经费,而它所拥有的专利能带来的利润有可能达数百亿美元。譬如,当今世界上治疗疟疾最好的一种药物叫作青蒿素,它是我们中国人从中药中提取出来,但是我们没有申请专利保护。要不,单从这一种药物中,我国就能获取上百亿美元的利润。类似这样的例子有很多,教训都十分深刻。

反思我国稀土业恶性竞争的现状,徐光宪认为,正是因为长期以来我们都缺乏知识产权保护意识,平常只注重保护有形的物质的硬资产,却不重视对无形资产、软资产的保护,结果,每次发明出了新的理论和工艺,都没有申请专利,而是供大家免费共享。这些新技术不仅在国内随意扩散,免费使用,而且因为我们在设备和技术输出时,在与外资合作建厂时,都没有注意技术专利和技术股权,导致这些新技术轻易地扩散到了国外。如此一来,就造成了稀土工厂遍地开花,大家都能无偿使用由徐光宪他们发明的国际领先的萃取工艺技术,这就直接导致了单一稀土产量飙升、利润低的严重后果。

在关注对稀土资源进行高效开发利用的同时,徐光宪也开始注意到与稀土资源开发相关联的一系列问题,譬如资源环境的问题,资源的充分开采利用问题,知识产权的保护问题。在他看来,如果不能对稀土技术方面的知识产权进行有效的保护,势必会挫伤研发人员和注重研发的工厂的积极性,最终必将损害稀土工业的长期健康发展;而如果不重视对稀土矿区资源与环境的保护,也将严重损害我国的切身利益。

正当这时,党中央提出了科学发展观这一新的执政理念,追求人与自然和谐相处、经济社会全面、协调、可持续发展。徐光宪他们也开始思考,如何促使我国的稀土工业长期、健康、可持续发展,如何推动稀土资源的充分开发。为此,他亲自前往内蒙古白云鄂博和四川攀西冕宁矿区考察,两次起草了有关白云鄂博和钍资源可持续高效洁净利用方面的书面建议。

根据实地调研的结果,2005 年 9 月 29 日,徐光宪和师昌绪、王大中等 15 位院士共同署名,起草了《关于保护白云鄂博矿钍和稀土资源,避免黄河和包头受放射性污染的紧急呼吁》。师昌绪是金属学及材料科学家,中国科学院和中国工程院两院院士,曾任中科院金属研究所所长、中科院技术科学部主任,获得 2010 年度国家最高科学技术奖。

徐光宪他们在这份报告中郑重指出:中国稀土资源储量居

世界第一,钍资源居世界第二,但是最主要的稀土和钍矿藏在内蒙古包头市的白云鄂博主矿和东矿已经被当作铁矿开采了50%,其稀土资源的利用率还不到10%,钍的利用率则为0,大量被废弃的钍矿对包头地区和黄河造成了放射性等废物污染。稀土是高新技术必需的战略元素,而钍则是重要的核能材料。因此,徐光宪等在进行实地调研后提出,国家应对白云鄂博主矿和东矿的开采量进行限制,用尾矿坝内的资源作为供给稀土的原料需要,进一步提高稀土矿回收率,国家还应收购钍作为战略资源储备等;同时指出了我国其他稀土资源的保护和有效利用问题。

这份报告由中国科学院报送国务院后,温家宝总理迅速做出批示,责成有关部门落实。11月,国家发改委、国土资源部和国家环保总局等组成了专门的调查组,前往白云鄂博实地调研,并且提出了相应的对策,包括:加强资源勘查力度;制定规划,规范准入;开展白云鄂博资源可持续发展战略研究,提出综合性措施;研究综合性开采规划,加强资源管理,规范开采秩序;加强放射性污染调查;加大科技攻关力度,支持钍分离技术以及钍回收工艺研究;钍资源的保护方式倾向于保护性开发,适当降低主东矿的开发强度,提出有利于钍资源后续利用的开发要求,尾矿坝内资源作为稀土和钍的二次资源加强管理,对稀土加工中回收的钍,建议结合铀战略储备进一步统筹研究等。徐光宪等人的呼吁得到了强有力的回应。可见,院士们的建议引起了国务院的高度重视。

20世纪末至21世纪初,由于我国稀土产量飙升,导致稀土价格一路下滑。看到这一严峻形势,徐光宪在各种场合都大声疾呼,希望成立一个像欧佩克那样的行业协会,自觉协调控制产量,提升价格。他有很多次在各种会议上向稀土行业发出这样的呼吁,但都没有得到积极的响应。徐光宪的建议是每年稀土产量要限制在10万吨以下,但是,这一目标始终未能实现。

为此,2006年6月19日,他再次给温家宝总理写信,希望由政府出面进行统一协调,限制稀土的总产量。对钍的回收问题他也进行了补充,指出我国钍的工艺设备已是现成的,只是因为钍没有市场,因此稀土厂就停止了对钍的分离回收。他建议,把分离提取钍列入生产稀土的环境保护成本,通过适当提高稀土精矿的价格来予以补偿,因为假如不提取钍,就会使包头等地区的环境受到带有放射性元素的污染。

温总理收到徐光宪的信函后,很快就对国土资源部做出了批示。于是,国家迅即出台了稀土限产的措施,2006年批准限制为8万吨,自2007年起执行。

这个消息一传出,日本人就慌了,当即竭力收购中国高质量的稀土,于是将稀土价格推高了1到3倍。但是到了2008年,由于受全球性金融危机的影响,国际稀土价格下降。同时,因为日本已经连续储备了20年的稀土,也开始大幅减少进口量。

徐光宪认为,我国控制着世界稀土产量的90%以上,但是我们却始终没有稀土的定价权。他之所以不断呼吁建立国家稀土资源储备制度,是因为石油、煤炭等能源可以用太阳能、风力发电、核电等来替代;而稀土一旦用完了,就没有替代品了,我们要为子孙后代着想。

学而优则著。著作,是对一个专业人士研究成果的及时总结和凝晶。除了在20世纪50年代出版过经典的《物质结构》教材之外,徐光宪在日常的科学研究和教学培训中,也非常重视知识的积累与更新,不断地将个人的研究成果著述成书,传播给更多的受众。特别是在稀土研究领域,他陆续将科研成果结集成书,让更多的同行共同分享,一起推动中国稀土科学的进步。

1974年底,冶金工业部约请徐光宪和刘九余等合作编写了《稀土》(上、下册)一书,后由冶金工业出版社作为内部资料出版。这部书涵盖了稀土的各个领域,具有很强的实践性,因此出版后广受研究者们的欢迎。

随着中国稀土研究的不断进展,1991年,中国稀土学会和冶金工业出版社决定对《稀土》一书进行修订,于是组织了国内数以百计的稀土研究专家组成编委会,由徐光宪担任主编,对该书进行了认真的修订。修订本于1995年出版,全面反映了国内外有关稀土研究的新进展,尤其是对稀土材料应用如稀土磁性材料、稀土发光及激光材料、稀土玻璃陶瓷材料等稀土功能材料,以及稀土在冶金、催化、农业、医药等领域的应用最新成果都予以了及时的反映。因此,该书出版后,立即成为稀土研究领域的一部权威性著作。

1984年,徐光宪研究团队在1972年编写的《萃取化学原理》和《萃取化学讲义》的基础上,结合最新的研究进展,完全依靠国内自有的材料,编写了《萃取化学原理》一书,由上海科学技术出版社出版。

1987年,徐光宪等撰写的《稀土的溶剂萃取》一书由科学出版社出版。这本新著概括了我国在稀土溶剂萃取技术方面的研究成果,涉及与稀土萃取有关的各种化学及化工问题,包括稀土萃取化学、萃取剂、萃取剂的结构和性能、串级萃取理论、参数计算方法和萃取设备以及有关的设计计算等。这部著作的出版,对我国推广稀土分离技术、开展更加深入的研究都发挥了很大作用。因此,这本书于 1990 年获得了全国优秀科技图书一等奖,是化学领域获此殊荣的唯一著作。

第十二章

站在世纪的门槛上

　　20 世纪末 21 世纪初的中国，正处在快速发展和急剧转型的时期。徐光宪已经到了耄耋之年，但是，他始终没有忘却自己科学救国的宏愿，没有放下自己毕生追求的为祖国效力的事业。

　　曾几何时，"幸福"成为人们热议的一个话题。尤其是在2012 年国庆长假期间，中央电视台对不少观众进行了一次"你幸福吗"的随机采访，引发了人们对于什么是幸福，如何珍惜幸福以及关于幸福观、生活观、价值观等问题的热烈讨论。

　　在几乎阅尽一个世纪沧桑的徐光宪先生看来，"所谓幸福，是有一颗感恩的心，一个健康的身体，一份称心的工作，一位深爱你的爱人和孩子们，一帮可以信赖的朋友，一批聪明勤奋的好学生，获得超越自己的成就"。

这，就是这位世纪老人的幸福观。在个人的生活中，他一直都是这样秉持自己的理念，每天怀着一颗感恩的心，健康快乐地、全身心地投入到工作和生活中，爱自己的妻子和女儿，用心关爱和培养自己的学生。特别是与妻子高小霞，数十年相濡以沫，举案齐眉，志同道合。

回国后，高小霞在电分析化学研究方面取得了不少突破。后来，又开辟了运用电分析化学来研究稀土的路径，同徐光宪一样做出了自己的新贡献。

在研究理念方面，两人都强调要立足基础研究，同时要研有所用，要着眼于国家需要，用自己的科研成果为国家服务。

他们俩在科研和教学方面几乎倾注了个人全部的时间和精力，对于家庭则几乎无暇顾及。在家里时，他们的女儿每天看到的都是父母各自趴在书桌上，不停地计算和书写，基本没有时间照顾她们，也不怎么同她们交流，两人都太忙了。但是，她们从未见父母吵过架，红过脸。因此，在孩子们的心目中，父母是一对非常和谐的、爱情美满的夫妻，给他们树立了一个很好的榜样。同时，他们也以自己的实际行动，教育了孩子要不断努力，刻苦攻关，勇于攀登学习和生活的高峰。

"文化大革命"结束后，科学事业迎来了春天。徐光宪和高小霞夜以继日、不辞辛劳地工作着。在学生们的印象中，徐光宪每天都要工作 14 个小时以上，几乎只休息四五个小时。高小霞也是如此。1983 年底，她在北大图书馆不慎摔伤导致骨折，出院后就一直坐在轮椅上，每次出门都需要有专人帮她推着轮椅走。即便如此，她还坚持每天去实验室，研究生物和生命化学，开辟分析化学研究的新领域，一直到 1997 年 7 月她送走了自己的关门博士弟子。

徐光宪和高小霞都是以工作为莫大的乐趣的人。即使到了 90 岁高龄以后,徐光宪每天还坚持看资料,整理自己的文章,计划写一些关于系统科学方面的著作。工作,不停地工作和忙碌,让他感觉到自己存在的价值。而这种状态,则是令他感到欣慰和快乐的。

徐光宪和高小霞在工作上经常相互帮助。徐光宪感慨地说:"如果没有高小霞的帮助,我要从理论研究转向实验研究,恐怕很不容易。只靠量子化学的一些基础,很可能在北大站不住脚。"

他们俩是化学同行,在家里也经常探讨学术问题。高小霞记性好,不像徐光宪那样总是随时记笔记,可是,到了真要查找一些确切的材料时,还得找他才行。徐光宪的基础好,高小霞有不懂的问题都要向他请教。每当让徐光宪帮助查找资料,他总是很高兴地答应。而徐光宪则觉得高小霞受书法家父亲的影响,字写得很好,有时就请她帮忙抄写论文什么的,高小霞也总是乐于伸出援手。

在生活中,两人也相互体贴、相互关心。年轻时,两个人经常一起工作到深夜。后来年纪渐渐大了,如果到了晚上十一点看到妻子还没放下工作,徐光宪就会提醒她:"哎,黄牌警告了!"有时高小霞思考问题太投入了,他又会取笑她:"你在那里发什么傻呀?"高小霞一直觉得徐光宪这个人很幽默、有趣,脾气又温和,为人很好。

徐光宪喜欢下围棋,闲暇时高小霞就会陪他对弈一局。而高小霞呢,平时喜欢看小说,古今中外的名著都愿意读。有空时两人还手牵着手一起出去散步。走到哪里，两个人的手都是牵着的。

高小霞摔伤后，行动不便，徐光宪便经常推着轮椅，陪她去未名湖畔散步，观赏朗润园里季羡林先生种下的一池"荷塘清韵"；中秋节晚上陪着她在未名湖边赏月；春节时两人一起在博雅塔下观看人们在中关村燃放的烟花……

两人一生携手同行，其乐融融，宛如一人。在日常生活中，两

1991年结婚43周年纪念日，徐光宪推着轮椅上的高小霞在未名湖边散步

个人都不讲究吃喝享受，饮食简单，衣着朴素，生活简朴，而在工作上却彼此支持。徐光宪认为，女性因为还要带小孩、承担繁重的家务，从事科学研究很不容易，所以他主动提出家务要由双方一起分担；小孩教育中要增加"劳育"，就是要孩子自己动手洗衣服、做饭，做到生活自理。

1993年，两人结婚45周年，荣获首届"中华蓝宝石婚佳侣奖"。当时全国一共只有十对夫妇获奖，他们俩是令人倍加瞩目的一对院士伉俪。

1998年，在参加中央电视台"精神的田园——东方之子访

谈录"节目时,徐光宪深情地说:"我们共同走过几十年,过去的历史都互相了解。现在,她的身体比我差一点,所以我很希望她注意一点身体健康,少工作一点儿,那么我们就能够好好地过一个金刚石婚。"高小霞则说:"他什么地方都比我好。我就只有一句话,我很幸福,我能够跟他在一块儿生活,我很幸福。"

执子之手,与子偕老。美丽的爱情如鲜花般开满了52年时光的山坡。然而,天不尽如人意,月有圆缺人有别离。就在1998年的2月间,高小霞发现自己的腮腺部位有一个肿块,当时去一家大医院检查,医生误诊为腮腺炎,结果治疗了两个月,也不见成效。

一直到了4月中旬,才被确诊为腮腺癌。可是,这时癌细胞已经扩散到了肝脏。两个月的最佳治疗时机就这样白白浪费掉了。

家人马上将高小霞送进了北京肿瘤医院。

在病榻上挣扎了五个月之后,9月15日,高小霞,这位钟爱丈夫和自己的工作的女性,不幸离开了人世。

那位走到哪里都与自己手牵着手的最爱的人走了! 那个亲切地叫自己"光子"的爱人去了! 生离死别,这是人世间莫大的悲哀!

痛失爱妻,让徐光宪深受打击。有一段时间,他一直沉浸在痛苦与懊恼之中。懊恼自己怎么没有早些把妻子送到肿瘤医院去检查,失去了最佳的治疗时机。那个时期,他的情绪相当低落。

这对于78岁高龄的徐光宪来说,的确是一个非常难熬的时期。亲友们看着他愁苦郁闷的样子,心里都很担心他能不能从巨大的悲痛中走出来。

女儿和学生都着急不已,他们主动陪老人出去散心,还重新布置了房间。

整整三个月,是徐先生自我疗伤的时间。时间正在慢慢地抚平他的创伤。他想到了高小霞的临终遗言,想到了自己和高小霞尚未完成的研究工作,也想到了身边还有这么多爱他的孩子和学生。终于,他从消极的情绪中解脱了出来,开始振作起来。他奔波于城市之间,参加各种会议和学术研讨;每天在图书馆里看书、学习;有时还在未名湖畔与学生们席地而坐,畅谈科学与人生。

1999年,经在美国的三个女儿的热情邀请,徐光宪去了美国。整天同自己的女儿、外孙等亲人待在一起,共享天伦之乐,徐光宪的心情渐渐恢复了平静。

等到他回到北京,人们惊奇地看见,原来的那个徐老又回来了——容光焕发,精神矍铄!他回到了原先的状态,又开始充满热情地工作、生活了。

2005年,徐光宪荣获"何梁何利科学技术成就奖",奖金100万港元。一拿到奖金,他立即表示获奖是研究团队集体努力的成果,并非他一个人的功劳。因此,他提出要把这笔奖金分给各个课题组,但是课题组的严纯华教授等人认为这是徐先生应得的,都不愿意接受。

数十年的时间里,徐光宪从来没有把稿费和奖金拿回家去,总是拿来帮助同事或者学生。这一次,因为课题组成员不愿接受,徐光宪便将所获的100万港元的奖金捐出来,从他和爱妻的名字中各取一个字命名,在北京大学化学学院设立"霞光奖学金"，每年用基金的利息 5 万元资助那些学习刻苦但家境贫困的学生。这笔霞光奖学金，显然也凝聚着徐先生对爱妻无尽的怀念。

进入新世纪以后，徐光宪基本不再参与第一线的科研，但是他每天的日程依旧安排得满满的。自 2000 年始，他便连续发表多篇文章，关注化学学科的定位，指出这门学科应该关注哪些特殊问题，将要解决的重大问题有哪些，有哪些特殊的研究领域和方法，等等，包括"今日化学何去何从""21 世纪化学的内涵、四大难题和突破口""21 世纪理论化学的挑战和机遇""21 世纪的四大化学难题"等。

他认为，化学家应该为人们提出一些问题，指明未来化学的发展方向。他提出，当下化学的天空中出现了三朵"乌云"。

第一朵"乌云"是现在有淡化化学的想法出现。不少的科学家和哲学家在质疑：化学会不会消亡？化学是否有自己的理论？有没有产生令人感兴趣的问题？这些问题让许多化学家也感到困惑。

徐光宪认为，化学是研究从原子、分子片、分子、超分子、生物大分子到分子的各种不同尺度和不同程度的聚集态的合成和反应、分离和分析、结构和形态、物质性能和生物活性及其规律和应用的科学。因此，从研究对象来看，化学与物理学有区别。物理学也研究分子、原子和原子以下各个层次的粒子的基本规律，微观领域虽然也是物理学探讨的对象，并且研究对象和化学重叠，但是研究内容不同。物理学不关注微观粒子的合成和反应，不关注生物大分子的活性等。合成和反应是化学特有的研究内容。化学制造的新品种有很大一部分是人工合成的新品种。据此，徐光宪提出，21世纪的化学不仅不会消亡，反而会前景辉煌。体现化学运动特征的是化合和分解，从分子结构的观点来探讨物质化合和分解的特殊规律，才能体现化学运动的本质。化学的基本规律应该包括反应的可能性、反应速率、反应条件与产品之间的关系等。20世纪化学取得了三大理论成就：化学热力学——可借以判断化学反应方向，提出化学平衡和相平衡理论；量子化学和化学键理论；绝对反应速度理论和分子反应动态学。这些理论都与化学反应相关。因此，化学有自己独特的研究领域，并在该领域形成了自己的理论，是不可替代的一门学科。

化学天空的第二朵"乌云"是如何将农业生产工业化。农业生产工业化首先就必须研究固氮酶，还要研究光合作用。光合作用是利用阳光，把水和二氧化碳变成碳水化合物，变成粮食，所以研究好光合作用和固氮酶，农业生产就可以实现工业化。利用阳光和空气中的氮气、二氧化碳、水，再加上钾等其他微量元素和肥料，人们就可以在室内生产粮食，而且产量还能比现在的田间亩产高得多。徐光宪认为，农业工业化是化学上应该解决的一大难题。

第三朵"乌云"是如何彻底搞明白广义结构和广义性质的关系。合成一个化合物，如果知道它有什么样的性能，就可以合成维持身体健康的新的药物以及新的符合要求的各种材料。21世纪化学的难题之一，是物质结构和性能的定量关系。这些问题，仅仅依靠物理学是无法解决的。

20世纪人类有三大科学工程。第一是人类基因组计划，第二是曼哈顿计划，还有一个是阿波罗计划。在这三大计划中，人类基因工程是由生物学家提出的,但 DNA 分子里面 ATCG 的次序测定,却是由分析化学家完成的。曼哈顿计划就是试制原子弹的计划,其中一半是核物理,另一半则是放射化学和核燃料化学。由此可见,化学和 20 世纪的三大科学工程有着密切的关系,化学是一门重要的学科。

在徐光宪看来,数学、物理、化学、天文、地理、生物这些基础科学都十分重要。他经常告诫学生:"作为化学家你不要忘记物理学家,作为物理学家不要忘记数学家,作为数学家不要忘记哲学家,因为数学领域有些方面要用到辩证逻辑。而作为哲学家则不要忘记生物学家,因为哲学是总结人类社会和自然发展规律的,如果生命科学领域取得了重大发展,哲学家也要及时总结概括。作为生物学家不要忘记化学家,因为生物学要在分子生物学的水平上发展,而化学正是研究分子的科学。各门科学之间都要互相联系,都很重要。"

21 世纪的前沿科学有哪些呢?徐光宪认为包括生命科学、能源科学、资源科学、环境科学,而化学与这些前沿科学都有密切的关系。所以,不能小觑更不能忽视化学。

诺贝尔奖自 1901 年开始评选以来,尽管在海外,已有李政道、杨振宁、丁肇中、李远哲、朱棣文和崔琦等多位华人获奖者,但在中国大陆,在自然科学领域至今尚无人获奖。

对此,徐光宪认为,国人应该解开诺贝尔奖情结,大家要树立起超越洋人的信心和勇气。诺贝尔奖有很多局限性,学科覆盖面不广,成就差别很大,评审也存在某些失误。诺贝尔奖不包括数学、力学、地学、环境科学、农业科学、工程技术科学,比如"杂交水稻之父"袁隆平,他对农业科学的贡献就远远超过一般的诺贝尔奖获得者。又如,数学是中国的优势学科,华罗庚、陈景润、吴文俊等都是世界著名的科学家,但是诺贝尔奖没有数学奖项。中国科学院地质与地球物理研究所刘东生院士曾获"泰勒奖",这是世界公认的地质和环境科学领域的诺贝尔奖。刘东生提出中国的黄土沉积剖面记录了千万年的气候变化,以及古气候多旋回变化的概念,受到国际地质界的高度重视。钱学森被国际媒体推选为"影响20世纪科技发展的20位世界级科技巨人"之一,是20位科学家中唯一的亚洲人,他的成就也超过了一般的诺贝尔奖得主。因此,对诺贝尔奖我们不要迷信和盲目崇拜,我们要有自信,相信我们中国的科学家同样可以取得世界领先水平的科学成就。

创立于2000年的国家最高科学技术奖,是中国科技界的最高奖项。该奖的设立旨在奖励在科学发现、技术发明和促进科学技术进步等方面做出创造性突出贡献的公民或者组织,授予取得重大突破或者在科学技术发展中有卓越建树、在科学技术创新、科学技术成果转化和高技术产业化中创造巨大经济效益或者社会效益的科学技术工作者。

国家最高科学技术奖每届获奖者不超过两人,并须报请国家主席签署并颁发证书和奖金,奖金数额由国务院规定。获奖者的奖金数额为500万元人民币,450万元由获奖者自主选题,用作科研经费,50万元归获奖者个人所属。截至2013年,除了2004年空缺外,2002年和2006年都只有1名获奖者,这一最高荣誉迄今共有24名获得者。

2009年1月9日,徐光宪登上了国家最高科技奖领奖台。

因为领奖要到人民大会堂,由国家主席亲自颁发,十分隆重、庄严，所以，徐光宪的女儿提出要为他买一套新西装。但是，徐光宪看了看 1980 年自己出国考察时做的那套深蓝色西装，虽然快三十年了但感觉还比较新，还能穿，就坚持说："别买了，那么贵！"最终只让女儿买了两件新衬衫。

2009 年 1 月 9 日，2008 年度国家科学技术奖励大会在北京人民大会堂隆重举行。党和国家领导人出席大会并为获奖代表颁发奖励证书。会前，胡锦涛等党和国家领导人会见获奖代表并合影。颁奖大会上，中共中央总书记、国家主席、中央军委主席胡锦涛亲自向获得 2008 年度国家最高科学技术奖的中国工程院院士王忠诚、中国科学院院士徐光宪颁奖。

徐光宪穿着那套已有三十个年头的西装，打上一条黑红条纹相间的领带，潇洒地站在领奖台上，脸上洋溢着幸福的微笑。

中共中央政治局常委、国务院总理温家宝代表中共中央、国务院讲话。中共中央政治局常委、国务院副总理李克强主持大会。中共中央政治局委员、国务委员刘延东在会上宣读《国务院关于 2008 年度国家科学技术奖励的决定》。

徐光宪先生在万众瞩目下从胡锦涛手中接过了获奖证书。电视荧屏上，徐先生一头银发、一架金丝眼镜、一张略显清瘦的脸庞，显得格外精神。

在这一刻，徐光宪的内心充满了激动和自豪。这位把自己全部的聪明才智都贡献给了祖国科学技术发展事业的科学家，得到了实至名归的表彰。

在颁奖大会结束后，记者专门采访了徐光宪。

面对镜头，他诚恳地说：

"北大有许多优秀的学生，我获奖的工作都是我的学生和

中共中央总书记、国家主席、中央军委主席胡锦涛在为徐光宪颁发国家最高科学技术奖

研究团队完成的,我只是这个集体的代表。

"我一生在科研上三次转向,在四个方向上开展研究。在这四个方向上,我的学生已大大超过了我。我比不上他们。这是真心实意的话。

"我最大的成就是培养了一批好学生,他们今天的成就早已超过了我。比如在串级萃取理论方面,严纯华和他的团队发展了我的基本假设,使之能适用于重稀土元素的分离,使串级萃取理论更趋完善。他们又提出'联动萃取'的新概念、新技术,可以大大节省成本,增加效益。在量子化学理论方面,黎乐民早已超过了我;在稀土光电功能材料方面,黄春辉取得了卓越的成就,获得了"何梁何利科技进步奖";在微乳萃取和肿瘤早期的红外光谱研究方面的主要理论,是吴瑾光在国际上首先提出来的;在分子磁体的研究方面,高松成绩卓著,已是中国科学院最年轻的院士之一……

"青出于蓝而胜于蓝。学生超过先生,我非常高兴。这不是谦虚,是实实在在的话。"

对其他科学家,徐光宪充满了由衷的敬佩之情:

"以前获奖的,拿袁隆平来说吧,我就比不上。他不但解决了中国的粮食问题,还对世界粮食问题做出了很大贡献。1991年,国家授予钱学森'国家杰出贡献科学家'荣誉称号。钱先生是伟大的科学家,美国也把他评为 20 世纪的世界大科学家,还有托起'两弹一星'的 23 位杰出科学家,他们的贡献特别巨大……我比不上他们,真的!"

有人问徐光宪:"您晚年还想做些什么?"

他回答说:"如果身体还健康,我还想做几件事来回报社会。"

徐光宪想做的事有:

一是修订再版《量子化学》,编写《原子价的新概念》。2007至 2009 年,由徐光宪、黎乐民、王德民和陈敏伯重新修订的《量子化学》上、中、下三册顺利再版,完成了徐光宪晚年的一个心愿。

二是编写《知识体系的自然分类法和 21 世纪的图书新编码法》。这本书试图科学地回答这些问题:什么是知识?知识的内容如何分类?知识框架如何建立?它的发展趋势如何?将来会有哪些新学科?徐光宪先查找文献资料,看前人对这些问题是如何回答的。结果令他十分意外:如此重要的问题,竟然查找不到满意的答案,也没有人认真思考过。于是他试图自己来回答问题,这样就成为一项创新的研究。

三是借鉴信息论、生物进化论和系统生物学,创建化学信息学、化学进化论和系统化学。如今，生物学家正在把达尔文的进化论和后人提出的"突变进化论"、传统的动物分类学、植物分类学、DNA 的双螺旋结构和基因遗传理论、分子生物学、生物信息学等众多学科综合成为系统生物学。徐光宪以"举一反三，移花接木"的思维方式提出，我们也应该创建"系统化学"。

已经到了耄耋之年的徐先生，每天依旧怀着极大的好奇心，不停地在发现问题、思索问题，并努力去解答这些问题。他的每一个日子都过得充实而愉快。从他的身上，我们可以学到很多很多。